✈ OWL AIR   ECONOMY

✈ OWL AIR   ECONOMY

NAME OF PASSANGER
LIN GO

FLIGHT
DREAM

DATE
TODAY

TIME
NOW

FROM:
TAIWAN

TO:
EUROPE

YA1121X
9789862626689

歐洲✈不難

搞定交通，搞定旅行，旅行交通規劃達人林果
帶你滑著滑著，就都訂好了！　　全面更新版

NAME OF PASSANGER
LIN GO

FROM:
TAIWAN

TO:
EUROPE

FLIGHT
DREAM

DATE
TODAY

TIME
NOW

GATE
2024

SEAT
12

✈ OWL AIR

林果◎著

a s y   t o   T r a v e l   i n   E U R O P E !

獻給：熱愛旅行的人

如果說《歐洲不貴》是歐洲旅行90天逐夢的書寫，那麼《歐洲不難》就是行前準備半年中，我努力奮戰的紀錄。

15萬90天原本只是我給自己設定的挑戰，沒想到「窮則變，變則通」，意外讓我發現一條通往歐洲的祕密路徑：歐洲真的不貴，用對方法，少少預算，也能暢遊歐洲。

我必須承認，做旅行準備功課是辛苦的（可是心靈很快樂），行前準備的半年中，我常常想：如果能有一本有系統的講解「歐洲旅行攻略」之書，那該有多好？沒想到，這件事最後是由我來完成。這是我的榮幸，也是我的挑戰。讓許多和我一樣，熱愛旅行、有歐洲旅行夢的人圓夢，或許也是一種夢想和勇氣的延伸與傳遞。

《歐洲不貴》和《歐洲不難》同時在2023年完成2.0全新升級版，對我而言有很重大的意義。十年一夢，我竟還在旅行路上，竟又重回歐洲，遇見當年的自己。我想說：謝謝妳的出走和勇氣，現在的我，才能看到這麼美的風景，遇見這麼多美好的人。

旅行不要怕迷路，人生別怕繞彎路，所有的風景，都有相遇的意義。最強大的旅行者，或許不在於能控制一切，而是無論發生什麼，都能處之泰然，隨遇而安。

感謝貓頭鷹全體同仁，感謝編編瑞芳，寫書的路上有你們做後盾，讓我倍感安心。感謝果媽和果姊，謝謝妳們守護著不成熟的我，陪我任性，陪我旅行，沒有妳們，歐洲之旅說不定是另一個故事了。感謝每一位買書、來聽講座、加入粉絲團的讀者，有你們的鼓勵，讓我覺得能和別人分享旅行真的是一件很美妙的事。

向每一個人致上我由衷的感謝。

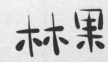

CHAPTER

1

歐洲旅行，
出發前你會想知道的事……

在這一章，要做的事情有……

· 做最壞的打算，做最好的準備

· 設定自己的玩樂模式

· 一顆充滿期待、勇氣的心

一定要做功課嗎？

曾經有人在林果演講的場合上問：「旅行做功課很辛苦，要怎樣可以不做功課就出國玩？」我仔細想了想……沒想到辦法還真的有，那就是「努力賺錢」！

存錢跟團旅行是輕鬆的選擇，以歐洲團費平均約1天1萬的費用來說，以我的目標「90天歐洲之旅」努力存到90萬就可以出發了！

但你也可以和我一樣反向思考：用「做功課的時間」換錢！

當時我辭職後，以「全職007」（24小時待命，每週7天）朝「90天15萬」的歐洲旅行目標前進，投入半年時間做功課，這半年看似「零收入」，但換個角度思考，若15萬的目標達成，我其實賺了75萬！（所以年薪超過150萬的人，還是好上班賺錢，選擇跟團旅行比較划算。咦？）

說穿了，「旅行準備」就是一場「時間」和「金錢」的拉鋸戰。

雖然自助旅行一定要做功課，但是也永遠沒有準備好的一天！準備再充足，一到國外，每天仍然隨時有突發狀況發生。如果你像我一樣，年薪沒有破百萬，又有一個歐洲旅行夢，那我希望，至少讓這本書成為你夢想的加速器，少走彎路，早日出發，夢想達成！

應該多久前開始準備？要準備多久？

　　歐洲自助旅行的準備功課，之所以比亞洲複雜，一來因為是「多國」旅行，沒有統一的語言，統一的交通規則系統，加上東西方文化差異大，所以行前準備難度比起去日本、韓國困難許多。這麼多的細節，行前準備時你是否也覺得一團亂、不知從何下手？

　　希望我的經驗可以給你一點參考指標：

旅行，有時候是一場時間和金錢的拔河比賽！

嗶～開始！

金錢

時間

林果任務卡

時間	90天
預算	15萬／人
路線	橫跨7個國家，共13個城市
成員	林果、果媽、果姊
任務	玩得開心，控制預算，平安歸來

行前準備時間以「出發日期」往前推 6（冬）／7（夏）個月

規劃期：前3個月

執行期：後3個月（冬季）／4個月（夏季）

（歐洲的冬夏季區別為：4~10月夏季／11~3月冬季）

 規劃時分兩個時期

規劃期：只做「閱讀」和「查詢」的工作。

執行期：才做「訂票」、「訂房」的工作。

	該做的事		勞累指數
規劃期	❶制定路線	包括閱讀各國文化歷史、資料，了解博物館特價日期、交通串連、節日慶典等等，從旅遊書到網友分享，都很值得參考，因此閱讀量龐大。	
	❷熟悉各國的火車訂票系統、巴士訂票系統如何操作	可以幫助規劃旅行路線怎麼接才順暢。有時順著「特惠票」安排路線，還可一路用便宜票價玩透透！	
	❸查找城市住宿地點，準備口袋名單	了解當地住宿費用，評估房源、房東可靠度，多多搜集口袋名單，以備不時之需。	
執行期	❹依規劃路線將機票、住宿、交通完成訂票	一切萬事俱備，那就勇敢「開始買票」！	
	❺解決突發狀況	在執行期一定會遇見一些狀況，例如：住宿口袋名單沒房間、火車票賣完了，這時候就得排除萬難，趕緊想出替代方案。	
	❻隨時和旅伴保持溝通、聯繫、討論	如果不是獨自旅行，做規劃和決策時，可多多找同伴商量，別把壓力都放自己身上，如此一來不但能培養默契，也會更有革命情感喔。	

規劃期
行前準備時間因人而異

因為旅行長短、預算多寡、人數等等，都會影響變因。例如：我設定的90天歐洲旅行，橫跨多國，預算又少，所以行前準備至少需要三個月，但這是以辭職後全天候準備來說。如果只去一兩個國家，只待兩週或一個月，那「規劃期」的準備時間就可以短一點。

執行期
時間不變

夏季四個月，冬季三個月是依大部分歐洲各國鐵路、巴士的「早鳥票」開賣時間而定（個別國家可能更早），若想買最便宜的票，就需依照此時間上網購票。

季節交替期
會影響「執行期」的買票時間

舉例來說：依「冬季提前3個月開始賣票」的規則，若想買11/1的火車票，按理說8/1就可上網購買，但因為夏冬兩季交替，可能必須等到9月底才能買，而且冬夏季特惠路線、票價可能會變，這點要特別留意。

歐洲適合旅行的季節

無論你是博物館派，還是戶外風景派，亦或藝術節動物、瘋狂血拼者，多元文化的歐洲，都有接納你、滿足你的國度。如果你舉棋不定該什麼時候出發，那不如先想想自己是「哪一派」人吧！

春天、秋天
適合所有人、自然野外派

春秋兩季是氣候溫和，風景優美的絕佳旅行季節！避開了暑假、寒假人潮，悠閒又愜意，適合所有人。

夏天
適合愛交朋友、不怕熱的人

有陽光的歐洲是美的！不過美中不足的是，暑假全世界遊客（包括歐洲人自己）全體出遊，不但交通、住宿難訂，當火車、地鐵被人群擠爆時，汗味、香水味、狐臭味一起襲捲而來，真讓人有想衝下車的衝動。

不過此時的青旅、民宿也能遇到來自世界各國的學生、旅人，若你是喜歡交朋友的人，夏天或許是適合你的熱情季節。

冬天
適合博物館狂、血拼族

如果你和我一樣，是個博物館狂，超愛逛博物館，那當然得挑冬天去啦！每天大排長龍、排隊2到3小時才能進的羅浮宮、烏菲茲美術館，在冬天排都不用排，直接入場！但是博物館冬季也會提早1個小時關門，城市也會比較蕭條冷清，算是一個小小缺點。

如果你是血拼族，選「聖誕節前後」去就對了，整個歐洲都在瘋狂大特價！

歐洲旅行季節優缺點大 PK

	春 4～6 月	夏 7～9 月	秋 10～12 月	冬 1～3 月
優點	・氣候宜人、陽光漸充足 ・景點開放時間較長 ・人潮少、不用排隊	・風光明媚，能拍出美美的照片 ・7月有夏季出清特賣會 ・景點開放時間較長 ・夏夜表演開始	・聖誕節前全歐購物大折扣 ・淡季門票價格較便宜 ・人潮少、不用排隊	・可以賞雪 ・1月為冬季出清特賣會 ・淡季門票價格較便宜 ・人潮少、不用排隊 ・穿著厚重，不用擔心扒手
特殊節慶	・4月米蘭家具展 ・6月中旬布拉格春季音樂節 ・6月下旬普羅旺斯薰衣草季	・7月法國亞維儂藝術節 ・7月14日法國國慶+鐵塔煙火 ・9月底巴黎時裝周	・10月慕尼黑啤酒節 ・10月法蘭克福書展 ・12月聖誕節	・1月跨年煙火秀 ・2月威尼斯嘉年華會 ・2月法國尼斯嘉年華
缺點	・3、4月是交通交接期，只能提前約一個月買票 ・門票在旺季價格較貴	・旅遊旺季 ・門票在旺季價格較貴 ・交通容易客滿 ・各大景點人擠人 ・穿著輕便，不易防範扒手	・10、11月是交通交接期，只能提前約一個月買票 ・有些景點只開放參觀至10月底，例如：法國的莫內花園 ・日照較少，天氣漸冷，夏衣、冬衣都要準備 ・陽光較少，不容易拍出好照片	・氣候不佳、陰天多 ・穿著厚重，體力消耗大 ・無法在街上行走太久（腳會凍） ・陽光較少，照片拍起來不美

希望大家都能玩得很愉快

辦護照

不管你是第一次辦護照，或是護照過期要重新申請，都可以自己來，很簡單，不一定要找旅行社處理。搜尋「外交部領事事務局」，網站上有詳細的資訊，該準備哪些證件、費用，還能先上網預約，加速辦理時間。

去歐洲真的免簽證嗎？

是的，而且不只歐盟國免簽，有些鄰近的邦國即使不屬「歐盟」國，依然享有免簽優惠，例如：捷克、匈牙利。其實臺灣的護照，在國際間算「好用」的，享有許多國家的免簽或落地簽優待，以下是持臺灣護照可免簽出入的歐洲國家及天數規定：

國人可以免簽證前往的「歐洲區」國家

更新日期：2023.11.17

國家 / 地區	可停留天數
安道爾 Andorra	
奧地利 Austria	
比利時 Belgium	
克羅埃西亞 Croatia	
捷克 Czech Republic	
丹麥 Denmark	
愛沙尼亞 Estonia	
丹麥法羅群島 Faroe Islands	
芬蘭 Finland	
法國 France	左列國家/地區之停留日數合併計算，每6個月期間內總計可停留至多90天
德國 Germany	
希臘 Greece	
丹麥格陵蘭島 Greenland	
教廷 The Holy See	
匈牙利 Hungary	
冰島 Iceland	

國家 / 地區	可停留天數
義大利 Italy	
拉脫維亞 Latvia	
列支敦斯登 Liechtenstein	
立陶宛 Lithuania	
盧森堡 Luxembourg	
馬爾他 Malta	
摩納哥 Monaco	
荷蘭 The Netherlands	左列國家/地區之停留日數合併計算，每6個月期間內總計可停留至多90天
挪威 Norway	
波蘭 Poland	
葡萄牙 Portugal	
聖馬利諾 San Marino	
斯洛伐克 Slovakia	
斯洛維尼亞 Slovenia	
西班牙 Spain	
瑞典 Sweden	
瑞士 Switzerland	

國家 / 地區	可停留天數
以下國家 / 地區之停留日數獨立計算	
阿爾巴尼亞 Albania	
波士尼亞與赫塞哥維納 Bosnia and Herzegovina	每6個月期間內可停留至多90天
保加利亞 Bulgaria	
賽普勒斯 Cyprus	
直布羅陀（英國海外領地）Gibraltar	90天
愛爾蘭 Ireland	
科索沃 Kosovo	90天（須事先向其駐外使領館通報）
北馬其頓 North Macedonia	每6個月期間內可停留至多90天（自107年4月1日至114年3月31日止）
蒙特內哥羅 Montenegro	每6個月期間內可停留至多90天

國家 / 地區	可停留天數
羅馬尼亞 Romania	在6個月期限內停留至多90天
英國U.K.	180天

註1：以上資料來自外交部領事事務局網站資訊www.boca.gov.tw，以上名單僅供參考，實際簽證待遇狀況、入境各國應備文件及條件，可參考領事事務局網站「旅外安全資訊」→「各國暨各地區簽證、旅遊及消費者保護資訊」→「選擇國家」→「簽證及入境須知」，惟仍以各該國之法令為準。

註2：可免簽證國家名單一直變動當中，因此出國前保險起見，最好先上網站做詳細確認。詳細名單可上「首頁」→「簽證」→「國人旅外相關資訊」確認名單。

註3：國人以免申根簽證方式赴歐洲36個國家及地區其他相關注意事項請詳見外交部「歐盟免申根簽證常見問答集」。

雖然進入歐洲申根國免簽證，但可不是拿著機票、護照就上飛機嘍，有一些其他的小細節需要注意，我們來聽聽外交部怎麼說？

（以下資料來自外交部網站www.boca.gov.tw）

1. 我國人赴歐免簽證待遇非表示國人可無條件進入申根區停留。國人以免簽證方式入境申根區時，移民官通常可能要求提供：旅館訂房確認紀錄與付款證明、回程機票以及足夠維持旅歐期間生活費之財力證明等，建議國人預先備妥並隨身攜帶。

2. 國人以免申根簽證方式前往歐洲國家及地區觀光旅遊應準備文件如下（均請預先備妥並隨身攜帶）：有國民身分證統一編號的中華民國有效護照；在離開申根國家當日，護照須仍具有3~6個月以上的效期。

3. 護照上無國民身分證統一編號之少數國人，不得適用免申根簽證待遇，訪歐前需辦理申根簽證。

4. 旅客進出歐盟國家，如隨身攜帶超過1萬歐元現金或其他等值貨幣者，均須向海關申報。

5. 另依據歐盟規定，民眾若攜未滿14歲的兒童同行進入申根區時，必須提供能證明彼此關係的文件或父母（或監護人）的同意書，而且所有相關文件均應翻譯成英文或擬前往國家的官方語言。

6. 申根國家移民關官員具相當裁量權，即便國人備妥所有相關文件，若移民官員：(1)懷疑可能赴歐從事與短期停留目的不符的活動；(2)可能對會員國的公共秩序、公共衛生、內部安全等造成威脅；(3)過去曾被拒絕入境者，均仍有可能遭拒絕入境。

7. 依據歐盟規定，國人以免簽證方式赴申根區國家停留日數為任何180天內總計至多不可超過90天。

8. 一般國家多要求所持護照須有六個月以上效期，過境免簽證（Transit Without Visa, TWOV）係便利持有確認回（續）程機票及前往第三地有效簽證的轉機旅客，一般並不適用持候補機位者（If Seat Available, ISA）。

參考網址

未來到歐洲須申請 ETIAS「電子旅行許可證」

目前ETIAS系統仍在建置中，正式啟用時間，尚待歐盟公布（預計在2024~2025年），未來正式啟用後，針對免申根簽證旅客，最晚在入境歐洲96小時前，必須先於網路申請ETIAS（電子旅行許可證），通過審核後才能入境，年滿18~70歲旅客都必須申請，費用約七歐，有效期三年。雖說上網申請很方便，通過審核後ETIAS也會直接寄到e-mail信箱，但還是建議儘早上網申請，事先熟悉英文網站流程、備妥相關護照資訊、信用卡（線上付費使用）等資訊。

後疫情時代，各國防疫措拖？

在外交部領事事務局上有詳細的資訊提供。進入「首頁」→「旅外安全」→「旅外安全資訊」→「各國暨各地區簽證、旅遊及消費者保護資訊」→「選擇

國家」→「簽證及入境需知」，這裡不但有最新的各國防疫措拖公告，甚至對簽證、代表處緊急聯絡電話等資訊都有詳細告知，針對想前往旅行的國家先了解一遍，能夠安心不少。

出國要保險嗎？

在決定出國到底要不要保險之前，先讓我們先搞清楚，是「規定」必須保險，還是「自己」想要保險？

話說林果出國前一個禮拜，才思考起這個問題，聽到許多令人擔心的說法，最恐怖的傳聞是——沒有保險的話就進不了歐洲，會被歐洲海關攔截，直接遣返回國。天啊，那這樣機票錢不就白費了？

我趕緊上網查找相關訊息，卻愈來愈迷惑，有人說一定要保，有的說不用，到底真相為何？以下同樣是來自外交部領事事務局的說法，以法國為例（當時我入境歐洲的第一個國家），大家可以參考一下。

旅遊醫療險雖不是以免簽證入境申根區之條件，惟因歐洲各國就醫費用相對昂貴，以致於海外遭逢急難須支付高額之醫療費用，造成本人及家屬極大財務之負擔。建議國人於出國前仍購買足額旅行平安險（包含附加海外緊急醫療、住院醫療、各種急難救助及國際SOS救援服務等），同時請先了解並檢視自己現有的保險是否包括在國外財物被竊或遺失獲得適當理賠，及是否可給付出國旅行期間之所有醫藥費用（包括住院醫療及醫療救援轉送回國治療）。

也就是說，第一、並沒有「規定」一定要保險喔！所以在海關不會因沒有保險而被遣返。第二、保險只是為了「預防」在歐洲看醫生，付不出龐大的醫療費用而保，因為歐洲不像臺灣有健保，所以看病極貴，因擔心旅客付不出高額醫療費用，所以才「建議」要保。所以保不保險，除了評估自己的財力、健康狀況之外，最重要的，還是自己有沒有把握可以在國外「全身而退」。

當時我詢問過，以歐洲三個月的旅保險，最便宜的方案，一個人約一萬塊，我和果媽、果姊一起出

遊，等於要三萬，已經是一張機票錢，所以讓我一度很猶豫。

最後確認「沒有規定」一定要保險後，我決定不保。另外，我們的健保是可以負擔「部分」在國外的醫療費用，雖然金額不多，但我還是去健保局申請了健保證明書（英文版）帶著，以防萬一。另外，大家可以檢視自己平時已投保的保險，若已含「國外醫療」，這時候就無需再投保相同項目。最後，我隨身攜帶一些簡易藥品，例如感冒藥、止瀉藥等，就出發上路啦！

另外，買機票時，別忘了比較各家信用卡的「刷全額機票」免費提供的「旅行不便險」，可以在行李運送丟失時有基本保險和賠償。不過這可不包括在國外被偷竊、搶劫的部分。

其實，需不需要保險，是依每個人的狀況而定，沒有正確的答案。對我而言，是因為了解自身和家人的健康狀況後，評估可為三個月旅行負責任，所以無需為保險多支出不必要的費用。若說沒有保險的好

處，大概就是會不斷提醒自己，多多留意吃的食物、不要去危險的地方，其實這些本來就是旅行時我會特別注意的事項，評估「風險在可控範圍」後，我決定自己負責自己承擔。

你不可不知的「年齡省錢法」

無論什麼年紀，我都很鼓勵大家出國旅行，因為只有走出去，才能打開自己的視野，才會更懂自己要什麼。探索世界，認識自己，是任何年紀都能做的事。

尤其是學生和年輕人，如果你對自己的未來感到迷惘，沒有方向，我建議去歐洲窮遊一次，相信能給自己帶來許多衝擊和體驗。在歐洲旅行有許多用「年齡」省錢的小撇步，也算是歐洲旅行的福利吧！

如果你 18 歲以下……

18歲前去歐洲旅行可說是最有優勢的，幾乎所有博物館、皇宮、景點都能免費進入參觀！但購票、驗票時會須出示證件證明。

18 歲到 26 歲

已滿18歲的人也別灰心，如果你有學生身份，別忘了辦張「國際學生證」（isic.com.tw），可購買學生票，優惠幅度不小。如果不是學生，但未滿26歲的話，可以辦張「歐洲青年證」（eyca.org），或是「國際青年證」（isic.com.tw），參觀門票、火車票、巴士票也常有折扣，這是因為歐洲各國非常鼓勵青年趁年輕時，多出發看看世界。

但針對歐洲青年年齡，其實各國認定標準不太一樣，大部分是指「26歲以下，未滿27歲」，但也有個別小差異，例如：羅浮宮的青年票上限是25歲，威尼斯青年卡上限是29歲，歐洲火車通票上限是27歲……所以買票時務必看清楚規定，但若人已在現場懶得查……也可以買票時把所有證件都拿給售票窗口看哪張有效（咦？）

> **Tips 1** 如果只在歐洲旅行的話，建議辦歐洲青年證，會比國際青年證來得保險。歐洲青年證的好處是，即便你不是學生或歐洲居民，仍可依每個國家的年紀限制享有折扣，辦一次卡效期為一年。

> **Tips 2** 如果是「歐洲多國」旅行才需要辦歐洲青年證，如果是單國旅行的話，建議可辦「單國青年證」。另外，不是辦了證就一定能買學生票、青年票（參觀門票的部分），因為每個博物館認定的標準寬鬆不同，有的只認國際學生證，有的不認國際學生證只認歐洲青年證，有的除了要有歐洲青年證還要符合 26 歲以下，有的什麼證都不認只認護照上的年紀……因此建議門票部分還是抱著佛系心態較佳。

> **Tips 3** 國際學生證好用的地方在買車票，搭乘跨國巴士（FlxiBus、ALSA）、各國國鐵、捷克 Student Agency 和其他航空公司等交通工具時，若有國際學生證，通常可享有 85 折或 9 折不等，或一次性優惠的折價券，航空公司可能還有學生票或加大行李額度等優惠。

> **Tips 4** 威尼斯青年卡（rolling-venice，6 歐 /2023 年票價）購買資格為 29 歲以下未滿 30 歲者，持卡買門票、船票特別優惠！

26 ～ 60 歲怎麼省？

27至60歲其實是最大的旅行族群，但卻什麼優惠票都沒有，難道就沒有其他的省錢妙方了嗎？

如果你要前往旅行的國家是德國和奧地利的話，人數在2~5人之間會比單人旅行來得省錢，因為這兩個國家的火車有「2~5人團體票」，後面還會詳細介紹到，如果你不夠年輕也不夠老，那就努力「揪團」吧！

你60歲了嗎？

敬老票也是常見的優惠票，什麼證都不用辦，帶上護照即可！但不同國家年齡認定不同，有的是60歲，有的65歲，無論如何，長輩出遊別忘了隨身攜帶護照，買車票、門票會有特別折扣喔！

行李準備

我到歐洲的第一個震撼教育就是：拖著30公斤行李上、下兩三層樓樓梯，旅行第一天就搬行李搬到「鐵手鐵腿」，當望著樓梯真的很絕望，只想仰天長嘯。除了上下交通工具時，沒有電梯、手扶梯的艱難，許多歐洲老城區地面都是「石板路」，當拖著行李箱，輪子發出喀啦喀啦的巨大聲響時，心裡只能不斷祈禱輪子能撐完全場，不會半路壞掉！若要去威尼斯，更是奉勸最好只背背包，因為這座城市湊足了行李箱三大殺手：石板路、樓梯、橋。

但就算再簡裝，該帶的東西還是要帶，請看以下林果行李必備清單：

關於行李你會需要……

□ 一個好用的背包
□ 一雙好走的鞋
□ 一台功能適當的相機、上網網卡
□ 貼身防搶袋
□ 一支在歐洲能用的手機
□ 一張在歐洲能用的信用卡
□ 電源和插座轉換器
□ 地圖、資料、訂房資料
□ 機票、護照影本
□ 緊急求救資訊
□ 簡單應急的感冒藥、胃腸藥
□ 一套簡單不失大方的服裝
□ 一雙輕便的拖鞋

這種白色棉質製成的貼身防搶袋很好用，我習慣把信用卡、證件都放在這裡，繫在腰上，再用上衣蓋住，冬天更棒，還有一層包得緊緊的外套，就完全不用擔心扒手了！

如在冬天或下雪季節到歐洲，你還會需要……

☐ 手套、口罩、厚襪子、帽子
☐ 一至二件禦寒大衣
☐ 雪靴（可去當地買，品質優良喔！）

去歐洲旅行時，我完全不知嚴重性的帶了29吋行李箱出發（高度大約在我腰部），果媽和果姊也各帶一個28吋行李箱，為此，我們吃足了苦頭！因為在老舊的地鐵和火車站，沒有電梯是常有的事，我也為了搬行李在火車上跌倒好幾次，每次移動時，擔心電梯和火車的雙重壓力，讓我們總是戰戰兢兢。因此，我強烈建議大家，儘量減少行李體積，會讓你的旅程輕鬆很多喔！

口罩內我會滴一兩滴精油，一戴上，一路舒服好眠到目的地～～

超多分格用來防扒手

拖鞋對於要在飛機上待十幾個小時的雙腳實在是太重要了！

訂好的房間資料、車票、護照在旅行時就是最重要的家當！過海關時，也可提供證明！

相機隨身才能隨時記錄回憶！為了防止托運行李不見，包含記憶卡、充電器、電池全都隨身攜帶！

筆記本和畫筆是我除了相機之外，最喜歡的記錄方式！

重要的資料備份一份在行李箱裡面！

雖然有點難，不過為了輕鬆的旅行，請儘量只帶必要的東西吧！

可以壓的衣服放在下方！衣物用捲的可以塞得更多！

液體的瓶瓶罐罐等東西，就用夾鍊袋分類一一裝起來！

語言不通怎麼辦？

我的英文很爛，這樣也可以自助旅行嗎？

說真的，在歐洲講英文也不一定會通！除了法國人不跟你說英文，義大利人、捷克人、匈牙利人，都不會和你說英文！難道要等學會法文、義大利文、匈牙利文，才去這些國家旅行嗎？所以語言從來不是阻礙旅行出發的真正問題。

英文，只是溝通的一種方式，但絕對不是唯一的工具，也不是最好用的工具。

旅行必備的語言神器「Google 翻譯」

相信大家一定知道Google翻譯，但你真的確定自己「會用」Google翻譯嗎？

除了大家應該很熟的「打字翻譯」，出國旅行你不能不知的「相機即時翻譯」、「語音翻譯」和「離線下載」！

相機即時翻譯

顧名思義，點選Google翻譯上的「相機」圖示，直接對準國外餐廳的菜單、公車站牌，就會直接在螢幕上顯示出中文，第一次使用時簡直讓我大呼神奇！

語音翻譯

想和外國人面對面聊天，則可選擇「語音翻譯」，點選Google翻譯上的「麥克風」圖示，或是開啟「對話」模式，馬上可以你一句我一句，對著手機「用講的輸入」，真的超級方便！

離線下載

最後，也是最重要的，不管在國外有沒有網路，最好可將翻譯語言包先「下載」在手機裡，即使遇到網路訊號不佳的地方，也能「離線翻譯」，讓你走到哪也不怕！

除了Google翻譯，我認為還有一個工具，是最好的「溝通」方式，但我們已經漸漸忘記如何使用它，那就是每個人的「肢體語言」和「眼神」的交流。

去威尼斯市場買魚的時候，我想要老闆幫我殺魚「清腹內」，就拿手在脖子旁劃兩下，老闆居然秒懂，還笑著看我像在說：唉唷，內行的喔。當我在菜市場買菜，覺得一袋一斤的海鮮太多時，右手掌在左手上劈一刀，老闆也秒懂我想買一半的意思。

有時候，人與人之間，「不用語言」也能交流。

這些旅行經驗讓我漸漸相信，除了語言，人與人之間，還存在許多不同的交流方式，有的神祕難解，有的原始古老，只是現代生活讓我們太依賴精確的語言和文字，久而久之，忘記許多人類原始且珍貴的本能。

旅行，幫我重拾這些珍貴的本能。

林果の發問時間 & 秘技總整理

Q 做規劃好麻煩，不能夠隨興的旅行嗎？

做規劃的原因有二：1. 金錢，2. 語言。

因為歐洲各國都很鼓勵人民提早為假期做規劃，所以在交通上會推出許多優惠票，這些票的價格有多優惠呢？例如巴黎到阿姆斯特丹的高鐵，原價 135 歐，早鳥票只要 35 歐！早鳥票是採數量限制的，如果 35 歐賣完了，就會變成 40 歐、50 歐，一直往上升，所以為了金錢，當然要儘早做規劃！

先用網路買票、印票，除了可避免語言不通的麻煩，還能省下到車站排隊買票的時間，避免買不到票、要更改行程的不安！

想隨興旅行的話當然也可以，只是預算就要提高個幾萬塊，但能保持行程彈性，也能減少做功課時間，如果在個人經濟能承受範圍之內，也不失為一種旅行的方式！

㊙ 無論哪個季節，選自己有興趣的節日或慶典出發才能玩得開心。

㊙ 行李愈簡便愈好，這關係到旅行的勞累度，和後續選擇住宿的多元度。

㊙ 愈年輕去歐洲愈便宜，18 歲以下幾乎免費（門票），26 歲以下買青年票，長者買長者票，27~60 歲可湊人數成為 2~5 人的團體，會比較容易省到錢！

㊙ 旅行三個月以上又想省錢的人，執行期約在出發日期的前三個月，規劃期最好在出發前六個月開始。

㊙ 買票時，執行順序：機票 → 交通 → 住宿 → 移動交通 → 第二個城市住宿……→ 往機場交通

如何規劃一場「好」旅行？

在回答這個問題前，我們先想想「好」的標準是什麼？

「好」等於「完美」嗎？那完美又是什麼？全程照規劃走，沒有突發狀況，不迷路，住宿、餐廳不踩雷就是完美嗎？還是不趕行程，每天睡到自然醒？細思後發現，所謂「好旅行」定義因人而異，有人覺得旅行就是度假放鬆，但有人卻認為是文化學習；若一人旅行尚且能隨心所欲，若與家人朋友同行，那可就眾口難調了，例如我和果姊喜歡衝博物館，偏偏果媽對博物館興趣缺缺，光是要不要參觀博物館，就能讓我們的旅行產生「共識危機」了。

曾經，我也覺得帶著家人自助旅行很累，因為每個人想要的都不一樣，為了顧及家人喜好，在妥協的過程中，我覺得自己被「綁住」了、不自由了，直到一句話點醒我：「世上最大的自由是自在！」

是啊，以前的我非常不自在，除了家人，最大的原因是自己。身為家中的「旅行規劃擔當」，若在旅行途中迷了路、住到鬼屋、餐廳踩雷，難免會自責計畫做得不夠妥當，把壓力都自己一個人扛，但是現在，我學會了讓所有旅伴儘量同時擁有兩種身份。雖然我是主規劃者，但不知如何決斷時，我會與果姊、果媽商量，詢問她們意見，這麼做有莫大的好處，能在不同需求中找到最佳平衡點，她們也更有參與感，先為旅途可能發生的狀況做好心理準備。最棒的是，因為是「大家一起做決定」，所以我不必再背負所有壓力，所有結果大家一起承擔。我自在了，我的家人們也更放鬆享受了。

就像「好旅行」的定義有百百種，因此在書中，我想和大家分享的也不是一種「標準答案」，而是想透過我的經驗，讓大家了解：原來歐洲還能這樣玩，預算不一定要很多，但也可以玩得很豐盛。

好旅行，應該是讓自己舒適，讓自己自在，最終，讓自己感到充實和快樂。

行李中的泡麵

話說出國前的某一天，我們在討論，去歐洲三個月，到底應該帶幾包泡麵才好⋯⋯

如果90天，平均三天一包⋯⋯

我

正在想

我跟妳們一樣就好了！

沒想法

果媽

那⋯⋯

不行，到時候各人吃各人的，所以每個人都要說自己要帶的數量！

果姊

訂遊戲規則的人！

那我30包！

妳呢？

我40包！

完全不懂她的邏輯！

老媽呢？

我41包！

絲毫沒有把別人的話聽進去的人⋯⋯

被她打敗了！！

還有，來自朋友的關心……

帶泡麵要小心一點呐，上次我哥去紐西蘭時，帶的泡麵就被海關攔截下來，我哥問為什麼，他當場把泡麵拆開，倒出調味包，捏著裡面的肉塊對我哥說：「meat！」，然後他的泡麵就全部被沒收了……

真的假的呀！
心驚膽跳～～

後來，多方詢問之下才知道……

因為澳洲和紐西蘭的畜牧業相當發達，所以在肉品檢查這關相當嚴格，主要是為了防疫，畢竟只要有一點點疫情，對飼養大量牛羊的國家可是相當大的衝擊！

不過相形之下，牛羊業並非歐洲主力產業，所以標準比較沒那麼嚴格，但為了以防萬一，我們還是儘量避免帶有肉品的泡麵！

真的很想吃的話，就儘量選擇封面沒有畫上牛隻、豬隻的泡麵吧！因為外國人看不懂中文字，但如果袋子上畫有動物的話，就很容易知道這裡面有肉囉！

XX 牛肉麵

原來如此！

於是，為了篩選泡麵，行李又重新整理了
一遍，最後，清點泡麵數量總共帶了……

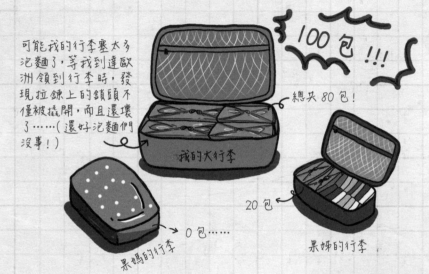

100 包 !!!

可能我的行李塞太多
泡麵了，等我到達歐
洲領到行李時，發
現拉鍊上的鎖頭不
僅被撬開，而且還壞
了……(還好泡麵們
沒事！)

總共 80 包！

我的大行李

0 包……

果媽的行李

20 包

果妍的行李

後來的泡麵……

只剩幾包了，
要省著點吃啦！

哪有！

吼，妳夾太多了吧！

依舊
吵吵鬧鬧的三個人……

事實證明，帶泡麵是一種很重要的行為！每當吃膩了國外
的食物、肚子不舒服(果媽為了吃泡麵的藉口)、半夜肚子
餓、不方便煮飯，或有時到達新的城市太晚，商店關了，
這時候，泡麵不但是我們的救星，也解救我們思鄉的胃！
我們一致的心得是:還是臺灣的東西最好吃！

2

買機票

在這一章,你要做的事情有……

· 決定出發日期、回程日期

· 選擇到達城市、離開城市

· 辦一張信用卡,然後勇敢把機票訂下去!

每一趟旅行的開始，都是從一張令人心情無比激動的機票開始。

踏出旅行的第一步，規劃旅行的第一關：買完機票的那一剎那——旅行的真實感，瞬間完完全全落實到生活和心情，心裡一塊大石，才算沉沉落地。

但若論「歐洲旅行如何買機票」，其複雜度真的可以寫篇研究論文，畢竟歐洲有近50個國家、上百座機場，從哪進，從哪出，都是學問。

但化繁為簡，我們專注在兩個重點：日期和地點。

決定好旅行的「出發、回程日期」，還要決定「出入境機場」。前者不難，因為每個人的假期有限，但後者常

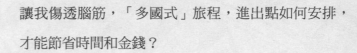

讓我傷透腦筋，「多國式」旅程，進出點如何安排，才能節省時間和金錢？

別慌亂，我們把歐洲分為「東南西北中」區，一一破解：

歐洲中心門戶
法國巴黎戴高樂機場、德國法蘭克福機場

大型國際機場，越南航空、中國東方航空這兩個航點都有飛，班次密集，還可以不同城市出入，為了不走回頭路，我最後選擇從巴黎進，法蘭克福出的飛行選擇。

歐洲西邊門戶
英國倫敦希斯羅機場、蓋特威克機場

英國倫敦也是進入歐洲不錯的門戶，也有廉價航空從澳洲飛往倫敦，重點是英國算西歐的最西邊，搭配歐洲之星火車，可直接從倫敦一路往東到巴黎，方向挺順。

歐洲東邊門戶
奧地利維也納機場、德國慕尼黑機場

長榮航空有臺北直飛維也納、慕尼黑航線，價格雖然較高，但如想省時間，或是有長輩同行，不適合轉機折磨的人可以考慮。

歐洲北邊門戶
阿姆斯特丹史基浦機場

長榮航空有直飛阿姆斯特丹航線，從阿姆斯特丹搭乘法國大力士高鐵，可輕鬆串連倫敦、比利時、巴黎。若想往北歐也很方便，先到德國漢堡，往上進入丹麥，一路玩北歐五國也很順。

歐洲南邊門戶
羅馬菲烏米奇諾機場、馬德里巴拉哈斯機場、巴塞隆納埃爾普拉特機場

選擇從南方進入，一路往北、往東旅行是一種安排方式。若想往北，西班牙與法國有合作的跨國巴士、鐵路，路線連接選擇多。往東可一路順遊巴塞隆納、南法普羅旺斯、瑞士、義大利，是南歐順遊路線的好選擇。

歐洲除了直飛航班，還有許多轉乘航班，可考慮先飛上海、北京，或東南亞城市再轉飛歐洲，會有更多選擇。以上機場不只是涵蓋東南西北中，同時也是各國最繁忙的門戶機場，優點是航班多，交通發達，配套措施完善，也比較安全，大家可選最符合自己旅行路線的機場。

決定好日期和出入境城市後，在訂機票前，我們還要再多做幾個查詢步驟，才做最後的購買，多這一道手續，說不定能讓你省下1～2萬元不等喔！

該問旅行社哪些問題？

訂機票前，可先找旅行社詢價！

　　儘管你已經查好機票，鎖定航班，但你還是可以再找旅行社報價，看有沒有比自己查的還便宜！

　　要注意的是，你自己心裡已經有價格的底價，並且已決定好出入的城市，再打給旅行社詢價會比較有效率，因為如果連要出入的城市都還不清楚的話，旅行社很難報價，就算報了價給你，你也無從判斷到底是貴還是便宜？

　　可別只問一家喔！最好多問幾家，比較價格。另外以下有幾個事項要特別注意（以下為一般航空公司機票為例，非廉價航空）：

很重要喔！

詢問事項	內容
可否不同點進出	很重要的一點，因為如果可以不同點進出的話，在行程安排上便可不用走回頭路，省下一趟交通費和時間，而機票可能只貴個500元左右，很划得來。
行李限重幾公斤？	如果飛國際線的航空，通常是限重20公斤，不過也有例外，像越南航空是30公斤，這樣一來，血拼的時候就不用擔心過重了。購買機票前最好先問清楚。
行李是否有限件數？	有的航空是以「重量」計算，只要不超重，幾件都可以，但也有的航空有「件數」限制，一人規定只能一件，問清楚的話，準備行李才方便。
請報「總價」	有很多旅行社或網路報價都只報「價格」，卻沒報「含稅」價格，聽到太便宜的價格請先不要太高興，多確認一下是否為「全部總價」，因為光是稅金，通常就和機票價格同價了！

詢問事項	內容
訂位可保留多久	詢價時，有的旅行社會請你提供你的名字和護照號碼，好向航空公司訂位，取得實際報價，這時僅僅只是向航空公司「訂位」，好確保絕對有位子，隨時可以取消，不過最多只能保留一個月，一個月後如果沒有開票，位子就會自動取消，需要再重新訂位；另外開票後，就是確定購買，通常會要求付款，如果開票後要退票的話，可能會有費用產生，但可以詢問改日期的彈性政策，正常航空公司的機票（非廉價航空）通常有個緩衝日期，例如：出發前，或開票三個月內改日期是不用任何費用的！每家規定不太相同，必須先事先了解。
轉機有無提供過境服務	搭乘越南航空公司飛歐洲時，因為需等待轉機時間較久，於是航空公司便有安排專人接送至市區內旅館休息和簡單的市區導覽，是完全不用付費的，雖然市區導覽的內容非常「樸實」，但可以在旅館房間內休息幾小時和用餐，也是很貼心的服務！所以在訂機票時，不妨詢問一下航空公司是否有提供轉機的免費服務。

機票怎麼買最便宜

歐洲機票大概多少？

一般飛歐洲機票約臺幣三萬（三個月票，含稅），需轉機一次。若喜歡直飛航線，可關注長榮航空，有時會推出優惠，直飛維也納或巴黎三萬不到（需視票期），另外，愈早訂機票，也比較有機會買到便宜票，不然就要碰運氣，遇上瘋狂大促銷時，立馬下手預訂！

若是票期小於三個月，價格應還有下降空間。需要轉機的話，記得詢問有無「轉機」服務，包括先接送到當地酒店休息、吃一餐，或是有簡單免費的市區遊覽等。

買機票的好時機

當「世界油價大跌」時就是買機票的好時機，跌幅約從三萬降到兩萬五，如果你剛好也查到這麼「迷人」的票價，就趕快給它用力搶下來吧！

多人出遊分開購票

　　如果是多人團體旅行，查詢機票時，建議人數先以1人做查詢就好，因為若是多人同時查詢，系統會以「有鄰近座位」為優先，若有便宜機位，但是位置不相連時，就會被跳過，所以分開查詢、訂購，較有機會買到最便宜的票。訂好票後若想連座，再請航空公司或旅行社將座位安排一起即可。

避開人擠人

　　想買便宜機票，除了避開寒暑假、五一、十一假期的旅行旺季，搜尋機票時也可試著避開週五至週日出發，改為週一、週二出發，避開一般學生、上班族的旅行尖峰選擇，自然有更大機會買到便宜機票。

別漏掉信用卡優惠

　　除了機票的價格，別漏掉信用卡的「隱藏版」優惠，諸如累積哩程兌換機票、免費機場接送服務、航空誤點保險賠償、行李遺失保險給付等等，都是機票的附加價值。

航空公司這麼多，一家一家查詢好花時間？

　　其實不用這麼累，現在網路上有很多機票比價工具，只要輸入相關資料、日期、城市，就可以幫你查詢最新市價，最久大約可以查到一年內的票價！

　　每家機票比價網的強項不同，建議可多用幾家，一起交叉比對，找出最適合自己的機票，我的習慣是，鎖定航空公司或旅行社後，直接上該公司官網購票，不使用比價網連結。

機票比價網

✓優點

有中文介面，比價範圍包含廉價航空。我最愛用它的「探索世界」和「看一整年票價」功能。

如果想「哪便宜就去哪玩」的話，就把目的地設為探索世界，馬上為你列出最便宜的票價。另外也能用「多城市搜尋」為自己設定多站點的跳蚤式玩法。

若已有想去的城市，但時間自由，若想購買來回票，可將日期設為「彈性日期」，一般來說機票通常有一個月票、二個月票、三個月票、半年票，可依旅行時間長短查詢配對後的價格，但時間愈長，通常票價也會愈貴，選擇也較少。或者也可買「單程票」，將來回日分開搜

尋，但要特別留意，停留時間要符合歐盟免簽的最長90日規定。

✖缺點

顯示的價格有的非最終機票價格，通常把稅、行李費用加上後，可能變很貴。另外，傳聞中該網站有「查詢漲價」機制，某個日期或城市被查詢愈多次，票價就會自動調升，所以查詢時最好有所節制，或者錯開真正想出發的日期做查詢。

Funtime

✔優點

中文介面，把傳統航空和廉價航空分開羅列比較，也可設來回、單程、不同點進出搜尋。我最愛它放在首頁的「國際優惠機票動態牆」，看了馬上讓人腎上腺素激增！熱門旅行城市優惠票價一目了然，很適合開放時間、地點、哪裡便宜就去哪裡的旅人。

✖缺點

特惠機票必須受限於出行日期和城市，較無法不同點進出，如要特惠票，又要配合自己屬意的時間，可能只能查詢單程優惠票，彈性較大。

背包客棧

✔優點

中文介面，簡單清楚準確，將所有旅行社、航空公司的最低價機票列出，看到的價格，與機票最終購買價格接近，因此是我愛用的原因。

最愛用的比價網！

✖缺點

介面比較陽春，看起來不是很美觀。

高級班

跳蚤式玩法、廉價航空

　　所謂的「跳蚤式玩法」是指「不以最近的距離，而以最便宜的價格」購票，等於是哪裡有「特價票」就去哪裡玩，飛行距離長、玩的城市多，但機票錢可能是最省的！

　　除了一般的航空，還可以選擇廉價航空，不過目前在臺灣並沒有廉價航空可以直飛歐洲，所以通常需先飛到有歐洲廉航的城市（通常以東南亞、澳洲為主），再轉飛到歐洲。例如：新加坡和吉隆坡就是很好的廉價航空轉機點，另外東京和首爾也漸漸成為歐洲廉價航空的航點之一了，以這些原就是熱門旅行城市，做為跳板飛往歐洲，對旅人來說實在是一大福音呀！

　　不過，以我的經驗而言，其實廉價航空並不廉價，想購得廉價機票需符合幾個條件：

- 冷門日期的限定「促銷票」
- 沒有大行李
- 時間不佳，可能是「紅眼班機」（深夜到凌晨間出發的班機）
- 降落機場位置偏僻，需評估落地後到市區交通費

　　廉航機票優惠航線不是天天有，得隨時注意網頁才有可能購得，加上票價採浮動機制，所以熱門旅行節日是不太可能有促銷票的，比較適合時間彈性、可以說走就走的自由人。

　　廉航的托運行李都是需要另外加購的，加購後價格可能就與一般航空相差無幾，所以比較適合簡裝便行的人。另外，廉航為了節省成本，可能會挑時間差、地處偏遠的機場飛行，所以熬夜搭飛機流失的體力，落地後還需轉乘交通到市區的費用，都是要考慮的一部分。

　　總體來說，廉航或「跳蚤玩法」可能比較適合年輕人，如有長輩同行最好不要考慮。

有臺灣飛點的廉航

航空公司		內容
捷星航空 www.jetstar.com		繁中介面，從臺灣出發可飛往日本、澳洲、紐西蘭、新加坡、馬來西亞、韓國、印尼、菲律賓、泰國、越南、柬埔寨等國家。優點是可看整個月份的票價。
亞洲航空 www.airasia.com		繁中介面，從臺灣出發可飛往澳洲、新加坡、馬來西亞及其他東南亞城市。
台灣虎航 www.tigerairtw.com		繁中介面，從臺灣出發可飛往日本、韓國、菲律賓、越南、澳門、泰國等國家。
樂桃網 www.flypeach.com		繁中介面，以前專飛臺灣與日本之間，現在增加了首爾、上海、香港、曼谷站點，但若從臺灣出發只能直飛日本，但若把日本作為跳板，先飛到大阪，則可再跳飛其它城市。優點是可查詢當月最便宜票價，自行組合日期。目前看過最便宜的是飛大阪來回含稅一人只要五千元的機票，是我推薦必加會員網站之一的航空，飛往日本之後，再搭柏林航空前往歐洲也是不錯的選擇！
酷航 www.flyscoot.com		繁中介面，主要航線為臺灣與日本、新加坡、馬來西亞、泰國等國家為主，近年與新加坡航空合作，雖然在酷航頁面也有歐洲城市可選，但別太高興，並非酷航增開航線，而是網頁自動導向新加坡航空，價格當然也非廉航價格。

歐洲廉航

航空公司		內容
RYANAIR 萊恩 www.ryanair.com		雖有各國語言介面，但大多翻譯錯誤，還是使用英文介面較準，許多歐洲城市都有航點。
Wizzair www.wizzair.com		英文介面，站點豐富，除了歐洲大國城市，一些東歐小國也有航線站點。優點是會把正在特惠的路線票價一次列出，適合哪有便宜票就去哪的旅人搜尋。但網頁中文翻譯不優，最好使用英文介面查詢。
easyJet 易捷 www.easyjet.com		英文介面，缺點是顯示幣別為英鎊，對於習慣以歐元比價的旅人有些麻煩。優點是特惠航班會顯示在首頁，看到的便宜價格是不包含托運行李的，加價購買托運行李的費用，比機票本身費用還貴，所以比較適合背包客。

廉價航空 Q&A

1.搭廉價航空安全嗎？

其實廉價航空的飛機和一般的飛機一樣，之所以叫「廉價」航空並不是因為飛機的等級比較低，而是因為從別的地方精簡費用，所以才有較低的價格，而且市場還曾經做過調查，廉價航空飛機出事的比例比一般航空出事的比例還低喔！

2.為什麼廉價航空這麼便宜？

因為廉價航空省去了飛機上所有的奢侈開銷，例如：食物、娛樂機、電視、報紙、減少空服人員，還有行李的重量（每個人依自己的需求另外加購、收費），也開放儘量讓旅客自行購票、辦理登機手續，精簡人事費用，再將省下的金額，回饋到旅客的機票上。另外，有時起飛和降落的機場是比較冷門的機場，不用和各大航空公司爭領空，價格也比較便宜。

3.什麼樣的人適合搭廉價航空？

❶ 購票之後不會輕易更改行程的人

　　廉價航空的「特價票」通常不能退票、改票，除非你

先購買的就是「可更改日期」的「正常票」，不過這種擁有「改票彈性」的特權也要收費，而且不便宜，加價後，票價與一般機票票價幾乎無異，失去了搭乘廉價航空的意義。

❷ 沒有行李或行李輕便的人

因為廉價航空所提供的便宜票種通常只含手提行李（一般約在 5 ～ 10 公斤，連手提包也要塞進行李內），或是有規定的尺寸，也可加購托運行李，不過通常收費不便宜。

行李小撇步 萬一不幸手提行李超重的話，把能穿的、能背的背上身，例如帽子、眼鏡、相機穿戴上身。畢竟只有規定行李不能超重，人可沒規定要幾公斤內才能搭乘，不過這是不得已的下下策，還是請大家儘量簡裝便行，才不會影響飛行安全。

4.搭廉價航空可以自備飲食嗎？

當然可以！因為廉價航空上並不提供飲水和食物，雖然在機上也可付費購買，不過價格通常較貴，廉價航空歡迎您自備食物上機食用！

5.搭廉價航空有什麼該注意的？

❶ 一定要確認好「起飛」和「降落」的機場在哪裡。

❷ 起飛和到達時間，確保自己能否安全到達民宿或機場？

廉價航空航班會避開尖峰時段，挑冷門時間起飛和到達（並非全部航班），這也是航空公司節省成本的方式之一。所以必須確認自己能否接受和承擔這樣的時間安排，例如：飛機降落時間是凌晨一點，當時是否有交通車可載你到住宿的地方？住宿地是否 24 小時接受 check in ？如果交通和住宿都不 ok 的話，機場內部是否可讓旅客過夜？這些都是買機票時就得考慮好的。

❸ 機場連接到市區內的交通是否方便？

航空公司節省成本的方式之一，是避開繁忙機場，挑較偏僻冷門的機場起飛降落。所謂的偏僻，通常伴隨而來的，是到達市區內交通花費的時間和成本。

❹ 需在機場過夜的人要記得確認——這個機場晚上是否會關閉？因為有的機場並不是 24 小時的，關門之後，會把所有旅客趕出大廳，那時候可就得露宿街頭了！

❺ 儘量不要安排廉價航空「當天」轉機行程。因為一旦廉價航空誤點，後面已經預訂的機票和各項損失可是要不到賠償的，非用廉航轉機不可的話，建議可以隔個一兩天，保險一點多隔幾天，也可趁轉機的機會，多玩幾個城市，這正是搭乘廉價航空，將「跳蚤式」玩法發揮到極限的優點！

林果の發問時間 & 祕技總整理

Q 怎麼做才能確保一定有機票呢?

在旺季和特殊節日,至少要提早半年前開始訂票,可盡量避免訂不到位的狀況。價格雖然不一定會比較便宜(機票價格因為油價因素,是浮動性的,所以日期太遠的票,大約就維持一般正常票價),但日期、數量都會較有彈性!或是隨時上網注意有無特價票,先購買先贏!

林果買機票時會這樣做:

祕 先用機票比價網查詢出入城市、日期、價格。

祕 鎖定好日期、出入城市後,能直接上航空公司官網買最好,如需透過旅行社,會先評估該旅行社的大小與口碑,然後直接上該旅行社官網查詢購買。

祕 查詢自己的信用卡!
哪張有「免費接/送機」的服務,然後用那張卡刷機票,不但可以省下一趟往返機場的交通費(臺北市去機場計程車就要一千元!),用信用卡買機票有的還享有免費的「意外險」和「旅行不便險」喔!

我喜歡買機票

我喜歡買機票。

工作讓人厭世，生活讓人疲累；生命堵塞的時候，一定要有疏散逃生的地方。我的防空洞之一，就是上網看機票。

當制式死板的生活太沉重，太索然無味……出走與脫序，成了生命的原動力。在我眼中，機票的票價比股價更能振奮我心！買股票的是股民，買機票的是遊民。買股票的人是為了累積財富；買機票的人是為了累積自己。

可以買機票，是一件很幸福的事。

首先，你得有時間，有錢，能去旅行的健康身體，還有一顆對世界充滿好奇的心。坐在電腦前，上千座城市，任君選擇。這一刻，像是擁有了全世界。

一張機票不只是機票，是自由的象徵。因為你可以出發，哪怕只是暫時的抽離；你知道，自己有離開的能力，有選擇的權力。

為自己買張機票吧！當你累的時候，想離開的時候，想看見更多的時候……出發去遇見真正的自己。

出發！

以果媽63歲的「高齡」要到歐洲自助旅行「三個月」，對她來說，是件大事……

當然嘛愛去，我啊抹去過啊～

←臺語

兩個禮拜後……

啊不過要去三個月，挖身體甘會凍耶，挖看挖還是賣去好啊……

←臺語

果媽好糾結！

又過了幾天……

不過一世郎嘛是啊呢而已，沒去歐洲看看嘛是加可惜……

←臺語

就這樣反反覆覆猶豫了三個月後……

挖是想要去啦，啊不夠我這雙腳喔，莫宰羊走不走的動，啊胃莫宰羊凍ㄟ係抹？挖恛給妳們拖累啦……

猶豫派

這幾天我要訂機票了！

快點決定啦！

視劃清單

實際派

還是沒答案

現在是在演連續劇嗎？

冷靜派

大家覺得這樣的年紀能夠自助旅行三個月嗎？

可愛又便宜的民宿
再不訂就沒嘍!

快訂!

還沒輪到我嗎?

快訂!

快訂!

於是,幾天之後⋯⋯

我看⋯⋯我還是跟妳妹說
我不要去好了,萬一⋯⋯

來不及嘍,她機
票已經訂好了!

素⋯素喔!
這麼快⋯

冷靜

老媽一直在猶豫,
再不訂機票就來
不及了!

看看這些
傢伙,一
直在逼我

快訂!

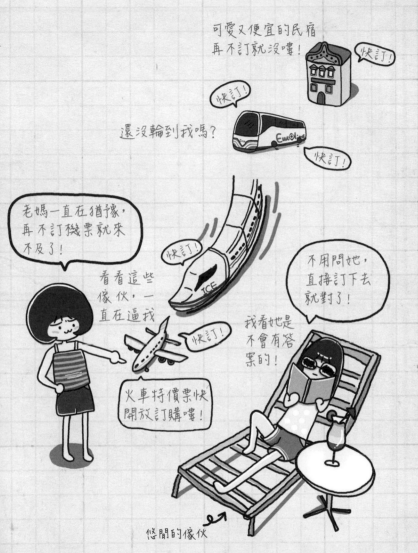

快訂!

火車特價票快
開放訂購嘍!

不用問她,
直接訂下去
就對了!

我看她是
不會有答
案的!

悠閒的傢伙

出發前三個月⋯⋯

馬上整理行李!

這麼早就在
整理行李?
不過⋯
好像很期待
的樣子!

果姊名言:
老媽無法決定時,女兒們就幫她做決定吧!

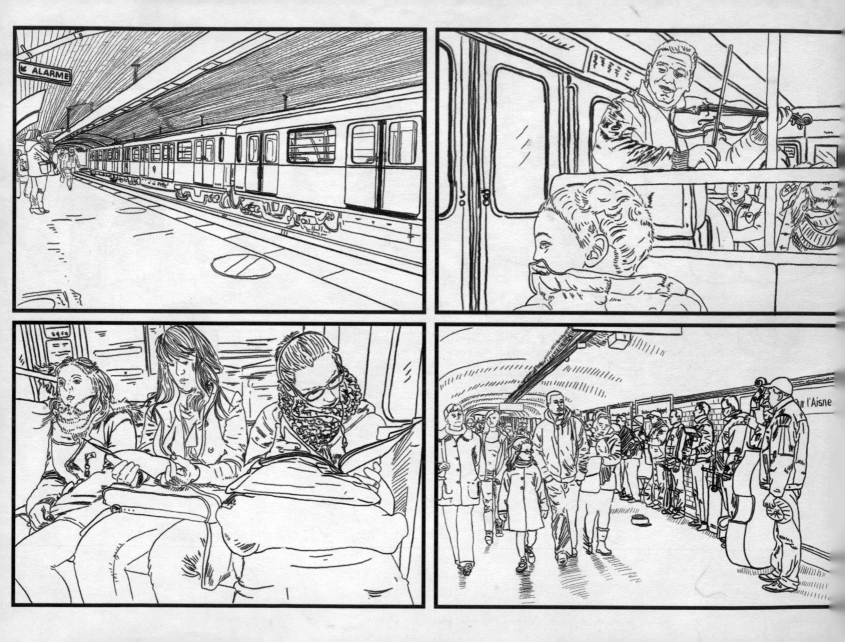

歐洲跨國交通

在這一章，你要做的事情有⋯⋯

· 知道有哪些交通工具可運用

· 評估自己最適合的交通和車票

· 把城市串連起來

歐洲火車票很貴，所以通常到歐洲旅行的人都會選擇買「歐洲鐵路通票PASS」，既可以省錢，又可以火車坐到爽？

等等……在你決定買PASS前，真的已經完全了解歐洲的交通遊戲規則了嗎？還是只是聽大家說歐洲交通「很貴很貴」，然後就把以為可以省錢的PASS給它買下去了呢？或者你還在猶豫是否該買歐洲火車PASS，怕花了大錢買了通票，卻又沒省到？

其實該不該買通票，除了價錢之外，我認為首先要考慮：你是什麼「旅行體質」？在分析自己是何旅行體質前，我們還要先了解歐洲交通的遊戲規則，才能知己知彼，百戰百勝。

在歐洲旅行，主要有三種交通工具：廉航、火車、巴士。而這三種交通工具的費用高低，關係到「搭乘時間」之外，更重要的是「購票時間」和「做功課」時間，它們的費用高低順序為：

當天購票＞歐洲火車PASS＞早鳥票（需一站一站單獨購買）

所花費的做功課時間，理所當然也是：

當天購票＜歐洲火車PASS＜早鳥票（需一站一站單獨購買）

你的旅行體質

最省錢，接受既定行程，花大量時間規劃旅行
＝你是極致省錢的「勤勞早鳥型」

有省就好，保留彈性，做功課時間不多
＝你是取得中間平衡的「花錢省時型」

有錢就是任性，喜歡說走就走，完全不做功課
＝你是挑最貴的買的「有錢大爺型」

簡單來說，買車票就是「金錢VS時間」的平衡遊戲。

勤勞早鳥型 適合買早鳥票（一站一站單獨購買）

花錢省時型 適合買歐洲火車PASS

有錢大爺型 適合當天再買票

若你和我一樣是「勤勞早鳥型」體質的話，我想說的是：在歐洲搭火車真的沒有那麼貴！因為我自從搭過歐洲火車和巴士之後便深深地愛上它們，想為它們說句公道話：

它們 超・級・便・宜！

我從柏林到布拉格搭跨國巴士，只花臺幣200元。搭義大利高鐵（由法拉利團隊設計）從威尼斯到佛羅倫斯，只花臺幣800元。遊走德國、奧地利，同一天用一張火車票玩一整天，只要臺幣500元！

請注意！以上說的，全都是「跨國」交通，而不是國內移動喔！這樣，你還覺得歐洲的交通貴嗎？簡直超級便宜吧！

「這麼便宜的票，一定很難搶吧？」不，這些票完全不用搶，只要了解歐洲交通遊戲「潛規則」，你就能和我一樣，輕鬆獲得。

這樣你還想直接閉眼、花大錢買歐洲PASS嗎？

交通工具該怎麼選？

除了從自身旅行體質考量，你還需考慮的有：

	硬指標	軟指標
	從行李考量	從安全性考量
飛機	只適合簡裝便行的背包客	高，乘客不會有扒手
火車	適合有大行李的行李客	中，月台是扒手出沒地點
巴士	適合有大行李的行李客	低，車站是扒手出沒地點
	從玩法考量	從 CP 值考量
飛機	跳蚤式玩法	低，選擇性較少，價格需看運氣
火車	順遊、跳蚤皆可	高，選擇性多，高鐵舒適不貴
巴士	順遊、跳蚤皆可	中，選擇性多，早鳥票便宜

先看硬指標。以我為例，我有大行李（40公斤），所以廉航第一個被我排除。再看路線規劃，我當時策略是「不走回頭路」，因此算「順遊」，總體來說「適合搭火車和巴士」。

再看軟指標。此時我要努力查找的是「火車＋巴士」票，廉航基本上可以不用看了。但是我可能要特別小心的是，搭乘火車、巴士的安全性問題。

另外，在規劃初期時，若還不確定哪些交通工具比較適合自己的話，那就「先加入各航空、鐵路、巴士的免費會員」！如此一來，可「第一手」知曉最新特惠，這些訊息能提供給你連接城市的靈感，我到現在還會持續收到法國高鐵的信，告訴我巴黎到科隆、巴黎到荷蘭只要多少歐的特惠訊息，所以不用自己煩惱，趕緊加入會員，讓它們自動告訴你吧！

交通好隊友・常用歐洲國鐵

想用火車作為主要移動工具的話，以下幾個網站你絕對不能不知道！

國家		林果使用心得
法國國鐵 www.sncf.fr		網站有英文，不過法文網頁也不難用，只要依自己的需求查詢，便可在網站上購買一般及各式特快列車車票，無論是往東邊還是往南邊的義大利、西班牙等國，法國國鐵網站相當好用！
法國大力士高鐵 www.eurostar.com		自2023年10月開始，大力士高鐵併入歐洲之星，原路線不變，在歐洲之星網頁上即可買票，介面簡單，有英文，行程如有規劃從巴黎去比利時、荷蘭、科隆、倫敦、德國杜塞道夫（和機場）、德國埃森，可多加利用，使用範圍側重在西歐，且常有29~35歐不等的特惠票。

國家		林果使用心得
義大利國鐵 www. trenitalia.com		在義大利旅行必定會用到的網站，原本網頁不太穩定（和義大利人一樣隨興？）不過2013年網站改版後，有很大改善，買票系統也穩定許多。不過到2023年為止，雖然網站有英文，但容易產生亂碼，所以還是用義大利文最保險。好消息是義大利高鐵的特惠價格會讓人直呼不可思議，花點時間加入會員絕對值得！
匈牙利國鐵 www.mav.hu		如果熟悉了歐洲鐵路的網頁後，即使看不懂匈牙利文也可以容易上手的網站，最特殊的是它有學生票和老人票！注意！它的票不能線上列印，只能記下兌換號碼到匈牙利國境內指定的地點兌換票券，所以只能購買從匈牙利為起點的車票，這點是和其他國家比較不同的！

國家		林果使用心得
瑞士國鐵 www.sbb.ch		物價貴、火車票也貴，建議先上德鐵網站查詢是否能在德鐵上購買，會比較容易有特惠又方便！
捷克國鐵 www.cd.cz		林果較少使用，因為德鐵、歐洲巴士有很多前往捷克的選擇，另外捷克的跨國巴士品牌Student Agency做得不錯，所以不一定需要上捷克國鐵買票。
奧地利國鐵 www.oebb.at		林果較少使用，因為奧地利與德國相鄰，使用DB買票較為方便。
西班牙國鐵 www.renfe.es		較少使用，官網在歐洲境外，容易無法連線，若想從法國至西班牙巴塞隆納，建議直接在法國國鐵上購買，或使用Omio等各大綜合購票網會較順暢，在西班牙國鐵買票時若有國際學生證，可獲得不少折扣。
荷蘭國鐵 www.ns.nl		較少使用，因和德國相鄰，用德鐵購買即可，若從法國前往，則用法國大力士高鐵前往即可。

國家	林果使用心得
德國國鐵 www.db.de	林果最愛愛愛愛愛愛的歐洲國鐵網站！ 我覺得最好用的歐鐵網站，有英文和德文，輸入站名時靈活性很大，幾乎可以查全歐洲的火車時刻、資訊、路線圖，詳細到讓人不得不佩服：「果然是一板一眼、仔細又龜毛的德國人呀！」介面花點時間研究（在後面的章節有操作教學），無論在查詢或是購票方面，幫助非常非常大！

即便你要環歐，也不用每一國的國鐵網站都要認識，我認為在中歐旅行時，最好用的就是「德鐵DB」，與德國相鄰的國家，或出發地、目的地其中一個是在德國境內時，大部分都能在DB上購買火車票。

其次是法國國鐵，因為可以兼顧到與德國不相連的西班牙、義大利、英國等地，因此只要掌握好德、法國鐵網，基本上就能解決大部分的車票購票問題！

「花錢省時型」看過來

適合全境 33 國歐洲火車 PASS

好吧，「歐洲火車PASS」（Eurail Pass）也不是完全沒有好處的。如果覺得火車票要一國一國查詢、購買太麻煩，寧可花錢省查詢時間，就非常適合歐洲火車PASS！我認為歐洲火車PASS完全就是為了「有預算、沒時間」的「花錢省時型」所設計的！

不幸的消息是，幾年前歐洲火車PASS取消了「自選多國」通票，也就是說，以前若只去歐洲其中三個國家，可以買「自選三國」火車通票，現在卻只有唯一選擇：全境33國火車通票！如此一來，價格當然高昂許多，對於只去其中少數幾個國家的人來說也很不划算！

2023 年歐洲全境 33 國火車通票　　　　　　　　價格：歐元（eurail.com）

	28-59 歲成人				60 歲以上長者			
	一等艙		二等艙		一等艙		二等艙	
	價格	平均一天	價格	平均一天	價格	平均一天	價格	平均一天
1個月內任4天(不連續)	328	82	258	65	295	74	232	58
1個月內任5天(不連續)	376	75	296	59	338	68	267	53
1個月內任7天(不連續)	446	64	352	50	401	57	317	45
2個月內任10天(不連續)	534	53	421	42	481	48	379	38
2個月內任15天(不連續)	657	44	518	35	591	39	466	31
連續15天	590	39	465	31	531	35	419	28
連續22天	690	31	544	25	621	28	489	22
連續1個月	893	30	704	23	804	27	633	21
連續2個月	975	16	768	13	878	15	691	12
連續3個月	1,202	13	947	11	1,082	12	853	9

註：青年票為12-27歲，11歲以下憑兒童通票免費，1 名成人最多可帶2名兒童同行。4 歲以下不需通票即可免費，但繁忙期間可能會需將兒童抱坐腿上。長者需要在使用日期時「年滿60歲」！

讓我們不至於跌到絕望谷底的是，「跨國火車通票」仍有兩個團體組合存活下來，那就是鄰近的荷比盧（荷蘭、比利時、盧森堡）和北歐四國（丹麥、芬蘭、挪威、瑞典），是剩下唯二的「多國組合票」，如果想去這些國家旅行又懶得做功課的人，一定要好好把握機會啊！

2023 年荷比盧歐鐵通票 價格：歐元

一個月內	28-59 歲成人				60 歲以上長者			
	一等艙		二等艙		一等艙		二等艙	
	價格	平均一天	價格	平均一天	價格	平均一天	價格	平均一天
任選3天(不連續)	161	54	127	42	145	48	114	38
任選4天(不連續)	194	49	153	38	175	44	138	35
任選5天(不連續)	225	45	177	35	203	41	160	32
任選6天(不連續)	253	42	200	33	228	38	180	30
任選8天(不連續)	305	38	240	30	275	34	216	27

2023 年斯堪地那維亞歐鐵通票（丹麥、挪威、瑞典、芬蘭）　　　　　　　　　　價格：歐元

| 一個月內 | 28-59 歲成人 | | | | 60 歲以上長者 | | | |
| | 一等艙 | | 二等艙 | | 一等艙 | | 二等艙 | |
	價格	平均一天	價格	平均一天	價格	平均一天	價格	平均一天
任選3天(不連續)	256	85	202	67	230	77	182	61
任選4天(不連續)	291	73	229	57	262	66	206	52
任選5天(不連續)	321	64	253	51	289	58	228	46
任選6天(不連續)	349	58	275	46	314	52	248	41
任選8天(不連續)	396	50	312	39	356	45	280	35

　　我們以一般成人＋二等艙為例，同時看到「一個月內任選5天」的價格中，一日平均下來，全境通票要59歐，而荷比盧只要35歐，近乎半價！

別忘了還有「歐鐵單國通票」！

　　覺得全境通票太貴？恭喜你，尚存一絲理智，那就依自己去的國家購買「歐鐵單國火車通票」！顧名思義就是「單一國家」的火車PASS，讓你隨時出發，又不用擔心高貴嚇人的票價，雖然比起早鳥票它不是最省的，但也能幫你省一些錢。

　　雖然只能單國購買，但是「日期」選擇非常豐富、彈性，有連續天數、不連續天數，一個月、兩個月、三個月效期內的各種天數搭配，不過每個國家的通票選項、價格、規定都不相同，最好上歐鐵通票網站詳讀了解（網頁有中文），相信一定能找到最適合你的那張票！

2023 年法國歐鐵通票

價格：歐元

一個月內	28-59 歲成人				60 歲以上長者			
	一等艙		二等艙		一等艙		二等艙	
	價格	平均一天	價格	平均一天	價格	平均一天	價格	平均一天
任選1天(不連續)	103	103	81	81	93	93	72	72
任選2天(不連續)	154	77	122	61	139	70	109	55
任選3天(不連續)	195	65	153	51	176	59	138	46
任選4天(不連續)	230	58	182	46	207	52	164	41
任選5天(不連續)	262	52	207	41	236	47	186	37
任選6天(不連續)	291	49	229	38	262	44	206	34
任選7天(不連續)	317	45	250	36	285	41	225	32
任選8天(不連續)	344	43	271	34	310	39	244	31

註：義大利通票只有3、4、5、6、8日票，價格與法國通票相同

2023 年瑞典歐鐵通票

價格：歐元

一個月內	28-59歲成人				60歲以上長者			
	一等艙		二等艙		一等艙		二等艙	
	價格	平均一天	價格	平均一天	價格	平均一天	價格	平均一天
任選3天(不連續)	227	76	179	60	204	68	161	54
任選4天(不連續)	263	66	207	52	237	59	186	47
任選5天(不連續)	294	59	232	46	265	53	209	42
任選6天(不連續)	323	54	254	42	291	49	229	38
任選8天(不連續)	374	47	295	37	337	42	266	33

不可不知的「歐洲火車 PASS 小 tips」！

不過，火車通票也不是拿著票就能直接上車喔，有些遊戲規則必須遵守，一定要先了解使用方法，才不會變成花了大錢買了通票，又要花錢補票的結果！

① 歐洲火車PASS哪裡買？可直接在官網eurail.com購買，網頁有中文，簡單易懂，現在有手機版數位票，比以往的紙本票更加方便喔！

② 旅行時再選擇啟用日期，但購票後11個月內要開始使用。

③ 使用通票需先完成「啟用」，官網上有詳細的「啟用教學」影片，一步一步跟著做，簡單易懂。注意！沒有完成啟用的話，是無法搭乘火車的喔！

④ 火車通票不能乘坐當地公車、地鐵、電車等交通工具，只能搭乘地區性的「慢速火車」（類似臺灣電車、復興號，如果要搭自強、莒光這種比較快速的火車可能會需另補差額，需仔細了解各國火車種類）。

⑤ 持火車通票可乘坐特殊列車（夜車、高鐵、臥鋪、景觀列車等），但必須事先預訂座位，並需另付預訂座位費，和補差額（請詳閱各國通票規則）。

⑥ 想確認火車時間和劃位，可下載好用APP「Rail Planner」，大多數列車最早可提前3個月預訂，熱門列車或是旺季（5月至9月）出行，建議儘早提前預訂。

⑦ 搭乘一般地區性火車可直接持通票上車，雖然速度較慢，但是不用預訂。

⑧ 通票如未經使用，可在退回後獲得退款或改簽，但促銷通票可能不可退款，也不可改簽，具體情況取決於當下通票的促銷條件，一定要看清楚規定。

⑨ 可以享折扣的通票有青少年票（12至27歲）、長者票（60歲以上），要留意的是「不是購買當下」的年齡，而是「搭乘日期」的年齡。

⑩ 4歲以下兒童免費且無需購票（不佔位，人多時可能會要求抱膝上）。4至11歲可購買「免費通票」搭車，1位成人最多可攜2位兒童旅行，如果超過2位，則必須為每位超額兒童單獨購買一張青少年通票。年齡判斷標準也是「搭乘日期」必須為11歲以下。

傷腦筋！跨國的城市與城市，該怎麼連接？

身為「勤勞早鳥」型的人，沒有歐鐵通票護身，在交通功課上的確要花一些時間，不過不用怕，因為我們有很多方法、工具可以運用，在這裡我們要盡情發揮想像力！出發～～

祕技一
順接法

把想去的城市先在地圖上點出來，然後把兩個最靠近的城市，一個個順接起來，因為是以兩點最近的距離移動，路程安排順利的話，也能省下不少走回頭路的時間與車資！

適用交通工具	不適用交通工具
巴士 ＋ 火車 	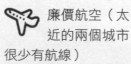 廉價航空（太近的兩個城市很少有航線）

祕技二
跳接法（俗稱「跳蚤式玩法」）

跳接法有句口訣：「先得知特惠組合，再決定路線順序！」也就是說，和順接法的概念正好相反，不以「最短距離」為連接原則，而是以「有沒有優惠、最便宜的優惠」為最大前提！

這麼做的好處是交通費最省，不過花費在交通上的時間會較長，但這不一定會成為缺點，因為高手中的高手不僅會善用特惠，而且還會把移動時間剛好都安排在晚上，睡在交通工具上，又可省下一晚住宿費！

適用交通工具	不適用交通工具
巴士 ＋ 廉價航空	火車（因為通常坐愈遠、愈久，票費用就會愈貴！）

林果私房技

使用順接法，跨國這樣接最順！

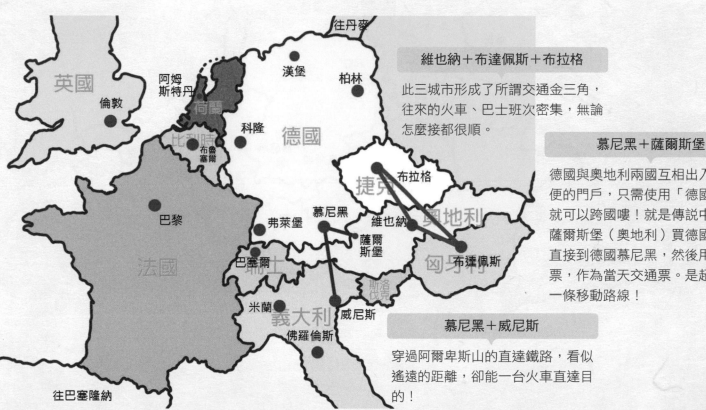

維也納＋布達佩斯＋布拉格

此三城市形成了所謂交通金三角，
往來的火車、巴士班次密集，無論
怎麼接都很順。

慕尼黑＋薩爾斯堡

德國與奧地利兩國互相出入相當方
便的門戶，只需使用「德國邦票」
就可以跨國嘍！就是傳說中的，從
薩爾斯堡（奧地利）買德國邦票，
直接到德國慕尼黑，然後用同一張
票，作為當天交通票。是超夢幻的
一條移動路線！

慕尼黑＋威尼斯

穿過阿爾卑斯山的直達鐵路，看似
遙遠的距離，卻能一台火車直達目
的！

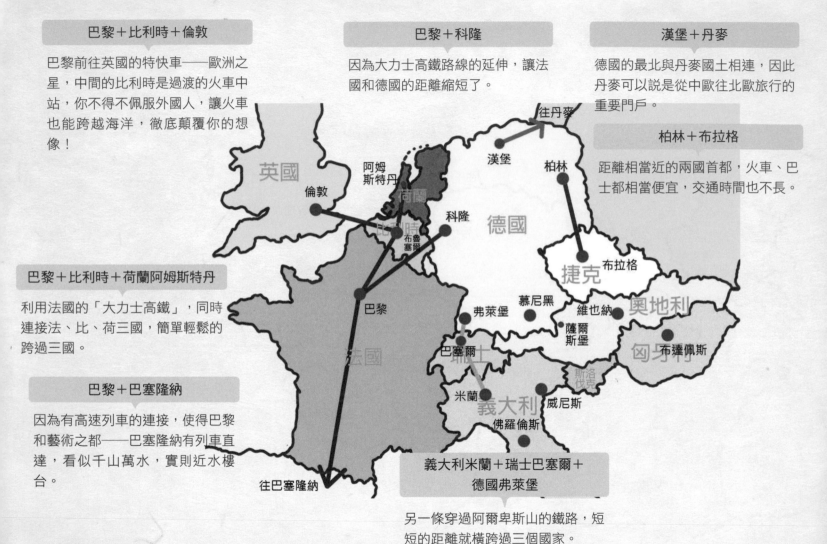

巴黎＋比利時＋倫敦

巴黎前往英國的特快車——歐洲之星，中間的比利時是過渡的火車中站，你不得不佩服外國人，讓火車也能跨越海洋，徹底顛覆你的想像！

巴黎＋科隆

因為大力士高鐵路線的延伸，讓法國和德國的距離縮短了。

漢堡＋丹麥

德國的最北與丹麥國土相連，因此丹麥可以說是從中歐往北歐旅行的重要門戶。

柏林＋布拉格

距離相當近的兩國首都，火車、巴士都相當便宜，交通時間也不長。

巴黎＋比利時＋荷蘭阿姆斯特丹

利用法國的「大力士高鐵」，同時連接法、比、荷三國，簡單輕鬆的跨過三國。

巴黎＋巴塞隆納

因為有高速列車的連接，使得巴黎和藝術之都——巴塞隆納有列車直達，看似千山萬水，實則近水樓台。

義大利米蘭＋瑞士巴塞爾＋德國弗萊堡

另一條穿過阿爾卑斯山的鐵路，短短的距離就橫跨過三個國家。

英國
倫敦
阿姆斯特丹
荷蘭
比利時
布魯塞爾
科隆
德國
往丹麥
漢堡
柏林
布拉格
捷克
奧地利
維也納
慕尼黑
弗萊堡
薩爾斯堡
巴塞爾
瑞士
匈牙利
布達佩斯
斯洛伐克
巴黎
法國
米蘭
義大利
威尼斯
佛羅倫斯
往巴塞隆納

林果私房技

順接法＋高鐵

　　廉價航空較不適用於城市順接法，相反的，火車卻非常適合，不過不喜歡花太多時間在移動的人可能會想：坐火車一定比搭飛機花更多時間吧？因為火車不可能跑得比飛機還快呀！

　　不過大家可別忘了，除了一般火車，在歐洲還有「高速火車」，也就是我們俗稱的「高鐵」！高鐵又快又舒適，而且路線、班次固定，每天有多班次可選擇，若搭到「直達車」，還能縮短更多交通時間！

　　重點是，能用高鐵連接的城市，大多是首都或一級大都市，所以有時你煩惱很久該怎麼連接的兩個國家、城市，說不定看到了這些高鐵專線後，行程就能連接得超順，最重要的是──這些高鐵常常出售讓人興奮到想尖叫的優惠票喔！

◇好用「高鐵」站出來◆

火車名	哪裡買	火車路線連接的城市（以下路線為雙向均可）
德國高鐵 ICE	www.bahn.de	連接德國與鄰近各國的重大城市
法國 大力士火車 Thalys	eurostar.com	1.巴黎→布魯塞爾→阿姆斯特丹 2.巴黎→科隆 3.冬雪號（冬季限定）：阿爾卑斯山滑雪勝地聖莫里斯堡、尚貝里、蘭德里、阿爾貝維爾和穆捷 4.太陽號（夏季限定）：法國迪士尼、瓦朗斯、阿維尼翁、普羅旺斯艾克斯、馬賽

火車名	哪裡買	火車路線連接的城市（以下路線為雙向均可）
法國 大力士火車 Thalys	請注意：2023年10月起大力士高鐵與歐洲之星Eurostar合併後，改名為Eurostar，原有串連布魯塞爾、巴黎、阿姆斯特丹、科隆等城市路線不變，同時新增「倫敦」，在新網站上可同時購買以上路線車票。顯眼的酒紅色列車外觀保持不變，但會加上新的歐洲之星徽標。	 大力士更名為歐洲之星後的新路線

火車名	哪裡買	火車路線連接的城市（以下路線為雙向均可）
法國高速列車 TGV 國際線	www.sncf.fr	1.巴黎戴高樂機場→布魯塞爾 2.巴黎→盧森堡 3.里昂→布魯塞爾 4.巴黎→斯圖加特 5.前往德國、義大利、西班牙
法國 - 德國高速列車 TGV EAST	www.sncf.fr和 www.db.de 都可購買	巴黎→法蘭克福
法瑞高速列車 TGV Lyria	www.sncf.fr	1.巴黎→日內瓦 2.巴黎→巴塞爾 3.巴黎→蘇黎世
法義高速列車 Thello	www.sncf.fr和 www.trenitalia.com 都可購買	1.巴黎→威尼斯 2.巴黎→米蘭 3.巴黎→佛羅倫斯 4.巴黎→羅馬
歐洲之星 Eurostar	www.eurostar.com	倫敦→布魯塞爾→巴黎

火車名	哪裡買	火車路線連接的城市（以下路線為雙向均可）
西班牙 AVE	www.renfe.es	馬德里→巴塞隆納
義大利紅箭 Frecciarossa	www.trenitalia.it	1.羅馬→佛羅倫斯→波隆納→米蘭 2.羅馬→拿坡里
義大利銀箭 Frecciargento	www.trenitalia.it	羅馬→佛羅倫斯→波隆納→威尼斯
義大利白箭 Frecciabianca	www.trenitalia.it	米蘭→威尼斯
義大利 NTV Italo	www.trenitalia.it	1.羅馬→佛羅倫斯→米蘭 2.羅馬→佛羅倫斯→威尼斯 3.羅馬→那不勒斯

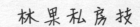

林果私房技

順接法＋夜車

「我的工作很忙、假期很短，想去的城市又距離很遠，廉價航空不一定有特價票，我也沒有辦法每天盯著電腦查票價，我該怎麼辦呢？」

很簡單，那就搭火車夜車吧！

因為「想去的城市距離很遠」——這是屬於適合「跳接法」型的人，可是我們也知道，火車不適合跳接法，那怎麼會選擇搭火車呢？

因為這是「夜車」火車的貼心魔法呀！

所謂的夜車，就是指火車上有「臥鋪」可供選擇的車，這樣的列車通常行駛的時間，大概會在晚上的七、八點左右開車，然後在早上到達目的地，它的特

性就是——「把距離較遠的兩個城市連起來」，以便讓行駛時間可以「跨夜」，讓旅人們晚上搭車，清晨到達。很貼心吧！

如此一來，不但符合跳接法的概念，也可以利用睡眠時移動，省下十幾個小時的交通時間，更棒的是還能省下一晚住宿費，對假期有限的人來說，真的是再適合不過的！

如果想睡在火車上的話，建議儘量訂臥鋪車廂比較舒服，雖然夜車也可選擇一般的「坐位」，價格比臥鋪便宜，但以睡眠品質和安全性來說，我個人強烈建議購買臥鋪車廂，畢竟有好的睡眠，才有好的精神與遊玩品質。

雖然臥鋪車票貴了一點，不過把省下的時間、住宿費一併考量的話，林果覺得夜車的「性價比」，實在是太高啦！！！

◇好用夜車站出來◆

夜車	哪裡買	常用行駛路線
CNL（City Night Line）	各國國鐵網上均會標識	行駛歐洲各國主要城市的夜線火車，也是號稱歐洲最豪華的夜車車廂
EuroNight	各國國鐵網上均會標識	行駛歐洲各國主要城市的夜線火車
LUSITANIA	西班牙國鐵網上可買	里斯本（Santa Apolonia）↓馬德里（Chamartin）
法義高速列車 Thello	在法國、義大利國鐵皆可買票	1.巴黎→威尼斯 2.巴黎→米蘭 3.巴黎→佛羅倫斯 4.巴黎→羅馬

夜車	哪裡買	常用行駛路線
法西 高速列車 Elipsos Trenhotel	法國國鐵網 即可購買	1. 巴黎（Austerlitz車站） ↓ 巴塞隆納 （Francia車站） 2. 巴黎（Austerlitz車站） ↓ 馬德里 （Chamartin 車站） 3. 蘇黎士 （中央火車站） ↓ 巴塞隆納 （Sants車站） 4. 米蘭（Centrale車站） ↓ 巴塞隆納 （Francia車站）

精打細算的「歐洲巴士」！

不知道大家有沒有發現，在「順接法」和「跳接法」都適用的交通工具裡，「歐洲巴士」這個選項一直都在？

為什麼歐洲巴士這麼厲害，可以打敗火車和廉價航空，兩種方法都適用？

歐洲巴士類似臺灣的統聯客運，比較不同的是，歐洲巴士依各品牌規模，除了在單國運行之外，也能橫跨多國，成為「跨國交通神器」！可惜的是，我心中認為最好用、歐洲最大的巴士品牌EuroLines，現在已被位居第二的Flixbus併購，取代了EuroLines原有位置！

Flixbus出自德國慕尼黑，近年來迅速擴張，除了EuroLines，還併購以波蘭為主的Polski Bus、以英國為主的Megabus（歐洲大陸路線）等等，好處是交通路

線被整併後，在Flixbus可搜尋到更多站點、路線，但缺點是或許整併速度太快，司機、管理、硬體設施品質參差不齊，因此在網路上評價非常兩極，有人搭了十幾趟都沒事，也有人只搭一次就發生行李遺失、被司機丟包在車站、班車突然通知取消等等突發狀況。

那到底該不該搭歐洲巴士？我自己當年的經驗是，前往歐洲旅行前，也是被網路的負面評價嚇得要死，甚至還有人說歐洲巴士都是外來移民在搭的，車上人種複雜，治安很差，讓我真的很猶豫，到底要不要搭乘。但實際搭乘過後發現，沒有想像中那麼可怕，我的感覺就像臺灣統聯、國光客運，遇到整車客滿時，人種真的是滿多元的（歐洲本來就有各色人種，但大部分看起來都很良民），沒有到「治安很差」，大家也都有乖乖坐好，不吵不鬧，熟悉了之後，真的對旅人來說是福音，只是搭乘時，的確有一些眉角需要注意一下。

歐洲巴士·避免踩雷的 N 個小技巧

「新手村村民」可先選白天搭車

當初我因為安全性考量，加上帶著果媽旅行，所以選擇在白天搭車，儘管會花費一些時間在交通上，但白天相對晚上安全，加上若有突發狀況也較好尋求其他應變方案。另外，一開始不太熟悉歐洲巴士時，可儘量避免發車過早（早上7點前）或到達時間過晚（晚上6點後）的班次，等歐洲旅行經驗較多後再挑戰難度較高的車次（例如夜車）較佳，比較不會手忙腳亂。

儘量搭直達車

網路上許多人反應搭巴士行李容易遺失，想避這個雷，可選直達車搭，不然就是有中停站時，自己下車看住行李，以防有人拿錯、扒手，或忘記放回車上等等突發狀況，因為有的歐洲司機很兩光，不會一一核對行李和乘客身份。

事先確認車站位置

有的巴士站地處偏遠，事先一定要用google map確認路線、所需乘車時間，如果手中有一日交通券，能實際搭車走一遍是最保險，我就曾經發生過google map根本指路錯誤，好在果媽是緊張大師，當天我們提早一個小時出門，才能趕在發車前剛好到站。如果是三至四人一起旅行，可直接請房東預約計程車，直接到達巴士站，舒適快速，不用提心吊膽。

提早半小時到車站

以我的搭乘經驗，許多巴士都是先到先選座位，而且有時車站較偏僻難找，提早出發到現場，確認要搭的車，儘早排隊可增加選位機會。

中轉站儘量別下車

若你已經成功搭上車，恭喜你過了第一道關卡。但若想在中途休息站下車買東西、上廁所，建議同行友人至少要有一人留守車上，或者上完廁所不要逗留，趕緊回車上，免得有些兩光司機不數人頭直接發車（正常來說司機必須點過人數才能出發），屆時被

丟包的話，可能就會上演飛車追巴士戲碼。

後面不要安排太緊的行程

巴士不比火車，很可能會遇上塞車、誤點、大雪封路等等意外狀況，建議後面不要排太緊的行程，或是轉乘其他交通工具，免得買好優惠票就浪費了。

不要太信任巴士的 wifi、廁所

雖然網頁上顯示該輛巴士有wifi、廁所，但老實說，這兩樣設施在歐洲巴士上的品質參差不齊，因此最好做好「能用是幸運，不能用是正常」的心理準備。

不可不知 · 歐洲巴士潛規則！

歐洲巴士適合的是「喜歡做功課」的「勤勞早鳥」型

如果你像我一樣，得了「省錢第一症」且充滿創意，喜歡自創設計各種旅行路線（前提是能夠省錢），不管花了多少時間做功課、黑眼圈又多了幾

圈，只要買到一張5歐元的車票時，就能擁抱愉悅甜蜜、滿足心情入睡的話，相信我，快把歐洲巴士網站加入網頁上的「我的最愛」！

特惠票大多不能退、不能改

提早規劃好路線行程，買到早鳥特惠票的機率很大，但缺點就是，早鳥特惠票不能改票，也不能退票，所以一定要確定自己絕對會照行程走，否則花費的票錢，就再也回不來了！

何時購買最佳？

原則上，以過往的EuroLines一家獨大時來說，我觀察到的規律，是愈早買票愈便宜，買到特惠票的機會也愈大，可提前買票的時間，夏季可提前四個月、冬季可提前三個月買票。

但現況的歐洲巴士，有點處於「百家爭鳴」的競爭狀態，各出奇招，所以各品牌間存在一些個別差異。例如買票時間，有的可提前到五個月，但若是臨近大節日（例如聖誕節，票價就不一定是最便宜的），有的則是在臨近日期突然殺出回馬槍，比四個月後的票價便宜等等，所以最好「多試幾種日期交叉比對」，了解該網站的特性是什麼。

需注意的是，有的系統導入AI大數據，愈多人搜尋的路線價格就上升得愈快，這種網站就要小心，不要重複搜尋太多次，否則可能害到自己。

另外，以前EuroLines網站最大的優點，就是會直接在首頁秀出當季特惠路線，但現在所有巴士網站幾乎都沒有這個貼心功能，想查特惠路線只能碰運氣，我的觀察是，現在的便宜路線大多集中在「國內移動」，而非「跨國移動」路線，因此是否能買到1歐、5歐車票，真的需要一點幸運和一顆很隨緣的心。

特惠路線變換的時間點

歐洲巴士特惠路線不是固定的，每年都不同之外，要特別留意「季節轉換」的時間點，一定要知道4~10月是夏季，11~3月是冬季的遊戲規則！夏季的特惠路線，冬季不一定有，還有兩季節交接的月份（10~11月，3~4月），甚至可能「無法提前三個月買票」！

例如：5/30已可買8/30的票，按理說8/30應可買11/30的票，不過此時網頁只顯示到10/31的票價，為什麼呢？因為冬季票還沒開賣呀！（對，我就是那個從8月就痴痴守候在電腦前，翹首盼望11月的冬季票開賣的人！）

根據當時經驗，我一直等到快9月底，11月冬季票才開始販售，而且原先查好的特惠票到了冬季，居然沒特惠了！這真的是很令人緊張呐！（出國的日期一天一天逼近，這又剛好是我要買的第一張交通票，在買不到票的情況下，後面國家的住宿和交通票全都不敢下訂，就怕有其他變化，錢就白花了！）

火車也一樣，在我想預訂11月初的法國火車時，碰到了一模一樣的情況，所以規劃歐洲旅行時，一定要記得這兩個季節的交接期，才不會像我一樣緊張喔！

看清楚行李、退改票規定

搭乘Eurolines時我的感覺是行李規定滿鬆的，司機也不太檢查，但現在巴士公司百家爭鳴，各家規定也不太一樣，有的含一件手提行李，有的有含托運行李一件，所以買票時一定要留意看清。

省錢神隊友
不可不知的三大歐洲巴士

除了前面介紹的Flixbus，其實歐洲還有很多其他巴士品牌，雖然涵蓋範圍沒有Flixbus廣，但也各具特色，若是針對單國或特定區域旅行的人而言，或許能找到更特惠的車票也不一定。

德國 Flixbus

FLiXBUS

國　　籍：德國
路　　線：目前路線最廣，站點最多的歐洲巴士
網友評價：評價兩極，正負都有

優點	缺點
·以德國路線最多最便宜。 ·國際交換學生有許多優惠。 ·城市多、路線廣。	·行李容易遺失，要小心防範。 ·各國司機素質參差不齊。 ·搭夜車要小心貴重財物。 ·號稱有5歐車票，但想買只能碰運氣，聽得到卻吃不到。 ·票價浮動規則不清，愈早買不一定愈便宜。

Flixbus大概是目前歐洲巴士中，路網最大、站點最多的品牌，但和當年的EuroLine比較之下，我認為買到特惠票的難度增加了，沒有比較好用。至於安全度，評價非常兩極，有人力推，也有人搭一次就出包，而負面評價中，大多不外乎是行李遺失、司機素質差、會被臨時通知班車取消，但又不全額退費等等。總之，搭乘Flixbus很看個人運氣。

比較優惠的是Flixbus和國際學生組織有合作，如果有學生身份，買票前先辦一張國際學生證（可線上www.isic.org辦證，費用約400臺幣左右），除了買票直接九折（無限次，但有低消門檻），也可使用小小的三歐折扣碼（沒有低消門檻，但有限地區和次數）。如何獲得折扣碼以及相關使用規定，請詳閱ISIC官網說明。

至於沒有學生身份的人，買票前也可先查找當下Flixbus有沒有其他優惠（搜尋flixbus voucher），例如：新會員首次購票優惠、當

期優惠代碼等等，不過要小心釣魚連結（為盜取個資用），需要謹慎判斷。

法國 BlaBlaCar Bus

國　　籍：法國
路　　線：主力在法國+西歐各國
網友評價：大部分優良

如果說德國的Flixbus是東歐的巴士霸主，那麼法國的Blablacar Bus大概就是西歐巴士聯盟的盟主了！

2004年於法國創立的BlaBlaCar，其實是從「共享汽車」起家，身為法國最亮眼的共享經濟獨角獸，於2018年時機成熟，轉而併購法國國鐵旗下的巴士品牌Ouibus，正式進軍「跨國巴士」營運，短短五、六年，就已經成為一個擁有橫跨三百多個城市的巨型巴士交通網企業。

BlaBlaCar除了整合兩種完全不同型態的搭乘方式，也因併購的Ouibus，前身出自法國國鐵，因此現在上法國國鐵官網買票，就能同時看到鐵路、巴士、

共乘汽車三種交通比價，不用再透過其他比價網，大大提高方便度，完全是旅人的福音！

BlaBlaCar現在除了自己擁有的十個歐洲國家經營路線（德國、瑞士、盧森堡、法國、荷蘭、比利時、英國、西班牙、義大利、葡萄牙），同時聯合其他巴士品牌，包括Alsa bus（隸屬英國Mobico Group在西班牙的子公司）、Student Agency巴士（捷克巴士品牌）、Gipsyy bus等，在BlaBlaCar網站上也能同時搜到結盟合作的巴士品牌，所以在西歐旅行，BlaBlaCar巴士的運用度會比Flixbus來得高。

另有江湖傳聞說，BlaBlaCar冬季初期常會開賣「單程0.99歐」車票，有空時大家不妨上網碰碰運氣，看看傳言是否屬實。

捷克 Student Agency

國　　籍：捷克
路　　線：以捷克、中歐為主，串連東西向城市
網友評價：大部分優良，搭乘還提供一杯免費飲料

相較於德國稱霸東歐、法國稱霸西歐巴士市場，捷克Student Agency巴士的站點和路線雖然不比前面兩位老大哥來得多，但可別小看它，它的優勢在於東西橫向站點分佈，將東西歐串連起來，加上它可是瑞捷航空RegioJet旗下一員，該企業是交通霸主，領域涵蓋航空、火車、巴士，三位一體，可謂是交通運輸的專業企業，因此巴士營運的品質和口碑也是三者裡面最好的！但在行李規定方面比較嚴格，特定路線可能需要另外加購，買票前要看清楚行李規定。

省錢冒險型・來去歐洲搭便車！

不喜歡被計畫束縛，又想享有早鳥票價格，可能嗎？那就去「搭便車」吧！沒有勇氣站在路旁，舉起大拇指攔截免費的便車，那就試試BlaBlaCar的「付費共乘」吧。

BlaBlaCar 搭便車

國　　籍：法國
路　　線：依私人司機提
　　　　　供，隨時變動
網友評價：每個司機都有個
　　　　　人星級評價

近年來共享經濟夯，從城市共享單車，到全球共享住宿Airbnb大行其道，儼然已形成一股新潮流。住宿可以共享，交通當然也能「共乘」。

前面提到的BlaBlaCar就是「共享汽車」的創始鼻祖，這種由私人駕駛提供路線，在平台上媒合搭便車的方式，我認為最大的好處並不在於省錢（雖然也能省錢，但還是沒有早鳥票省），而是在於比較適合「不喜歡被規劃綁住」的人，因為搭便車的特性是「臨近出發日期」前查找，比較有機會媒合成功，而且有很大的可能找到與早鳥票價格差不多的共乘方案！因此很適合喜歡臨時起意、說走就走去某地的旅行方式，而且搭便車也可增加與在地人的交流機會，適合喜歡交朋友的人。

這種共乘機制最棒的優點，就是完美地和火車、巴士互補，因為火車巴士最大缺點就是「愈晚買票愈貴」，而拼車共乘不受此限制，反而是愈近出發日反而有較多的拼車機會。舉例來說，我在BlaBlaCar上設定從巴黎到法蘭克福，三個月後出發，沒有半輛共乘機會，但改設兩天後，出現了三個共乘機會。

而對於像我這樣，習慣先做好規畫的旅行者來說，若臨時遇到火車、巴士罷工的緊急情況時，搭便

車也不失作為一種緊急備選方案！但就和沙發衝浪一樣，任何的共享、共乘都有一定風險，所以一定要仔細看清楚駕駛的評價、資料，並且提高警覺，做好防護措施。

https://www.blablacar.fr/

搭便車！
提高共乘安全的 N 個小技巧

女生找女生

雖然會有過往乘客留下的駕駛評價，但基於安全考量，我個人還是會傾向找女駕駛提高安全性。另外車主的規定愈嚴格，例如：註明不可抽菸、不可喝酒等等，我反而會較願意選擇。

路線分段查找

有時出發地和目的地離得太遠，不一定有共乘機會，這時適當地將路程分成二、三段，建議儘量選較大的城市做分段點停留，一來增加安全性（歐洲城市與城市之間大多是較鄉下、人煙稀少的地方），二來可提高媒合機率，三者還可多玩一個城市，如果遇到不是很合得來的駕駛，也可避免在車上過長時間的單獨相處。

有大行李要先問

因為每位車主的車型不同，或是不只載一位乘客的話，有時不一定有放大行李的空間，如有大行李的話，一定要先向車主確認是否放得下。另外若有攜帶寵物、動物等「特殊行李」，最好也事先徵得車主同意。

約在明確大地標處

因為雙方彼此不認識，加上人生地不熟，儘量選擇大地標、人潮多的地方，除了有助於安全，也比較不會錯失彼此，當然記下對方車號是一定要做的，我們也可告知對方自己明顯的辨認特徵（例如特殊的行李、外套、褲子顏色等等，或是載上特殊的帽子，黑色、灰色這些大眾色就會比較沒有幫助）都是增加認出彼此的小技巧。

守時！守時！守時！

重要的事情說三次！因為駕駛也有自己的行程，因此若乘客遲到，駕駛可不一定會等人喔，所以為了避免被丟包，準時或是提前五分鐘到達，都是非常有必要的。

穿著樸素簡單

財不露白，不要一身名牌、首飾示人，也不要穿著過於暴露的衣服，引人歹念，也可以準備好防狼噴霧、哨子、警報器等，以防萬一。

不透露住處

如果自己要去的地方，和駕駛預設的下車點，沒有離得太遠（雙方在車上又聊得不錯），據說有些「好人駕駛」可能會直接將乘客送到想去的地方，但還是建議「不要讓對方知道居住的地方」，可以選擇附近大地標、人潮多，或甚至是搭一段簡短車程的地方都可以。總而言之，防人之心不可無，小心駛得萬年船。畢竟出門在外，安全第一！

懶人福音
跨國交通比價神器們

飛機、火車、巴士、高鐵、夜車……眾多交通工具搞得你霧煞煞嗎？

既然機票都有比價網，那麼複雜的歐洲火車、巴士怎麼可以沒有呢？

最全面、最強大的 Omio

讓我們感謝比價網「Omio」（前身為 GoEuro）的誕生吧！

Omio不只橫跨各國交通，還可同時將飛機、火車、巴士三種價格、交通時間，同時進行比較，一目了然，堪稱比價神器、懶人福音！

舉例來說，如果搜尋「布拉格→維也納」，可以同時看到三種交通工具的價格&時間！

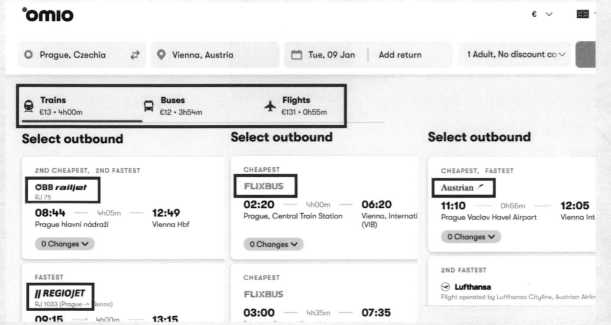

如果以「價格優先」的話，可以看到火車13歐，巴士12歐，飛機131歐最差，以乘車時間來說火車和巴士差不多，飛機雖然只要55分鐘，但別忘了要加上需提早2小時到達的check in時間，算一算其實也沒快多少。

我們再把三種交通工具點開來看，可以看到Omio比價的奧地利火車OBB、捷克火車RegioJet、德國巴士Flixbus、奧地利航空……就算不斷變換各種日期查詢，也能一次比較，真的超級方便！

不過，儘管Omio功能已經非常強大，但仍不是百分百的交通比價資訊，原則上來說，搜尋一些大城市沒什麼問題，但地域性的小城市是它的搜尋盲區，千萬別以為Omio搜不到的路線等於沒車，小城市移動建議還是善用各國的交通網搜尋較準確。

另外，Omio也不是沒有缺點，該網顯示的價格，有時會比官網還貴，差價從0.01歐到10歐都有，所以建議將Omio拿來查詢、比價、比時間較佳，實際購票時還是直接上各國官網購買較保險。

比較貼心的 bookaway

雖然不像Omio那麼強大，可以同時比較三種交通工具，bookaway主要著重在巴士，同一路線，可同時列出各國巴士的乘車時間、價格，最貼心的是會有巴士車輛的照片，這樣一來比較不會找錯車子。

網頁有簡體中文，查詢起來很方便，神奇的是，我搜尋從馬德里前往里斯本，同日期同地點同巴士的路線，搜出的價格硬生生比Omio還便宜1歐！

建議路線、價格，可多多交叉比對，但聰明的你，一定知道最後還是去各家官網直接訂票最保險吧！

林果の發問時間 & 祕技總整理

Q 又是飛機，又是火車、巴士，這麼多樣的選擇，倒是讓我不知從何開始選起了！

其實很簡單，不要想你「喜歡」搭什麼，而是應該想你「需要」搭什麼！你必須依照自己的旅行條件做選擇！你想省錢，還是省搭車時間，或是你要短時間衝許多城市，還是想放慢步調慢慢遊覽？都是影響你決定的原因！

Q 如果我想用「跳接法」當個跳蚤族，但有些路線就是連不起來，又該怎麼解決？

跳蚤族是哪裡有便宜票就哪裡去，但便宜票卻又不是天天有，所以當有幾段路線就是找不到特價票時，是很正常的情況，這時候與其花很多很多的時間找特價票、傷腦筋，不如把「一般火車票」混著用吧！把「跳接法」和「順接法」混合著用，這樣一來，就絕對沒問題了！而且在各國國鐵網買票，只要提早三個月買，也都有很優惠的價格！

Q 搭巴士旅遊的感覺比較危險，而且巴士會不會很簡陋？

雖然各國的巴士車型、配備都不太一樣，但搭巴士移動可是相當舒適方便呢！車上不但有免費的廁所，我還遇過一上車會發水、發餅乾，甚至車上還有兩個司機輪流駕駛，感覺安心又貼心喔！

祕 先把會用到的網站加入會員，主動掌握特惠資訊。

祕 「跨國火車通票」的強項在於「省做功課時間」；「一段一段分開買」的強項在於「省錢」！

祕 交通一段一段分開買，愈買愈便宜的祕訣：
「火車＋順接法」－高鐵
「火車＋跳接法」＝夜車
「巴士＋順接法」＝國內線＋國外線＋勤勞查詢
「特殊體驗＋省錢」＝搭便車

祕 短程移動：用特價巴士移動，時間和搭火車一樣
長程移動：用夜車移動，省住宿費＋時間

最重要的小事

你是否曾經也有過，心累得走不動的時候？

我有。在二十七歲的時候。

當時幾乎天天加班到凌晨，有一天，坐在電腦前，我不禁問自己：人生就是這樣了嗎？嘗試休息一段時間、換工作，卻依然疲累沉重、毫無起色時，我意識到，自己必須停下來一陣子。

二十八歲，工作喊卡，歸零，踏上歐洲，重新尋回自己。

三十歲前夕裸辭，難道不怕回國後找不到工作嗎？當然怕，但我更怕的是，自己從此對生命和人生失去熱情。

為了控制預算，出發前，有半年的時間我像瘋了一樣，無時無刻、全心投入準備旅行。我承認，做旅行功課是辛苦的，要海量搜尋資訊、比較、決策，老實說，花費的腦力不比正職工作輕鬆多少，但我卻樂在其中，也是在這樣的過程裡，某種像是生命能量的東西，一點一滴重新流回心中。

90天15萬的旅行目標看似天方夜譚，但我從未想過放棄。

除了一次，差點讓此次旅行終止的意外。

話說當時我正為預算不夠大傷腦筋時，發現了「歐洲巴士15/30日通票」，經過我精密的計算，有了此票，不但預算達標，甚至大有餘錢，我高興得飛上天，興奮得全力投入設計巴士旅行路線。直到後來，搞懂此票「必須連續天數」的使用規則，發現不能省錢還賠錢的狀況後，瞬間心情像掉到地獄最底層躺著，消極得一動也不想動了。

當時準備功課已進行兩、三個月，我卻心灰意冷想直接放棄，甚至將旅行「病危通知」告知果姊：

找到便宜車票時...

我回來了！

找不到便宜車票時...

我回來了......

「我不想去歐洲了。」「為什麼？」「因為我算過，15萬不夠，預算會超支。」……果姊沉默片刻後，問了一個極其關鍵的問題。大家猜猜是什麼？

果姊問：「那總共要多少？」我算了一下：「……嗯……大概……要16萬吧。」「才差一萬塊！」接下來就是果姊抓狂，然後把我的「病危通知」無情駁回，且不得上訴。

各位是否可以體會果姊當下的心情？才差一萬塊，我居然為此在那裡鑽牛角尖到快得憂鬱症？真是感謝果姊冷靜的當頭棒喝，毫不留情地將我的牛角尖一擊敲碎。我的人生，真的需要為這一萬塊如此糾結嗎？

事後我再問果姊，當下她心裡在想什麼？她說：「我還以為妳要跟我說什麼天文數字哩！因為15萬去歐洲旅行90天我覺得也有點扯，我的底線是30萬，如果40萬的話，我就考慮不去了。結果妳居然跟我說16萬？我只覺得

妳頭腦裝……咳，有問題。」

　　但誰叫我是「完美主義」呢？說15萬就一定要15萬啊，即使只多一萬，對我而言意義也不一樣。聽到我的反駁，果姊又有話說了：「那不叫完美主義，那叫缺．乏．彈．性。有些事，一旦下定決心，就一定會成功。」「那真的就是不成功咧？」「就算不成功，也會學到東西。」

　　是啊，人生很多時候，就算不成功，也會學到東西。這才是最重要的！或者應該反過來說，在扭曲的、只追求「分數第一名」的教育之下，我們好像漸漸忘記「成功」可以有多元的自我定義。有的成功是勇氣，有的成功貴在堅持……怎麼評判，自己說了算。

　　當時的我迷失在15萬的迷宮中，忘記真正的目的是「去歐洲接受文化衝擊」，而不是「去歐洲只能花15萬」。15萬只是目標，不是最終目的！

　　退一萬步說，如果花費15萬又1元，那算成功還是失敗？

　　人真的很容易迷失，所以要時時刻刻、隨時檢視自己，思考邏輯是否有偏差。

　　不管事情多困難，只要真心想做，就下定決心全心投入吧。成不成功不外求，是內省，問問自己：「學到東西了嗎？」

在搭歐洲巴士之前，在網路上看到搭巴士的經驗「分享」，有人說巴士都是黑人在搭、常常誤點、停開，在車上不能吃東西等等，害我在規劃行程時，一度很猶豫到底該不該搭歐洲巴士，安全到底有沒有問題呢？

後來我決定，與其自己胡亂想像，還是去親自體驗看看！

第一次搭乘巴士，班車在早上七點半發車，清晨六點我們從住宿地方離開……天色未亮，氣溫接近零度，因擔心搭不上巴士，所以走路一路狂飆，剎那間真有種「大雪滿弓刀，單于夜遁逃」的感覺……

果媽不時回頭看我有沒有跟上

等等我
好重

果姊領頭狂奔

快得像風火輪的姊

快

輪子在石板路上，發出相當大的聲響…

然後幾經波折……

冷清的早晨街上，向唯一營業的麵包店問路……居然沒人知道車站在哪？

好心的腳踏車男士，他看到我們超大的行李後，建議還是搭巴士較好！

順利搭上公車，好心的司機和乘客熱心地告訴我們下車地方！

終於到了巴士站！

好大喔！

三個土包子！

終於順利到達，已經7:15分啦！還好有提早出門，還遇到那麼多人幫助我們！

果姊衝過頭後，短暫的
精神放空，負責看行李，
果媽跑去找廁所！

請問這班車是在這
裡搭車沒錯吧？

我負責確認一切事務！

上車後，沒想到我們的首次「歐洲巴士體驗」居然還有驚喜！

果媽當然是馬上衝去上「免費」的廁所！
整個設備就像在飛機上的廁所一樣！

讚不絕口

每個人還貼心的發了一瓶水、一包餅乾，之
前聽說車上不能吃東西的流言不攻自破！

每個人的座椅居然還有
bosch 音響和插座可以使
用，真是太驚奇了！

每國的巴士或許配備不太相同，但就我搭過的
經驗來說，都很舒適乾淨，也沒遇到行李要加
收錢的情況，車上有廁所，車子也都很準時，而
且還滿多人搭巴士的，各種人都有，看起來就是
一般的「良民」，所以也沒有特別擔心安全的問
題！可能和我都搭白天班次在大城市搭乘有關，
所以我對歐洲巴士的印象真的很不錯！推薦大
家有機會可以試看看！

歐洲巴士搭乘注意事項：
1. 有大行李的人最好事先走過一遍去車站的路。
2. 司機會先檢查列印的票、護照，然後先放行李。
3. 依序排隊上車，司機會把列印的車票收走。
4. 舒舒服服到目的地，還可以補個眠！（因為不會有火車坐過
   站的問題嘛！）

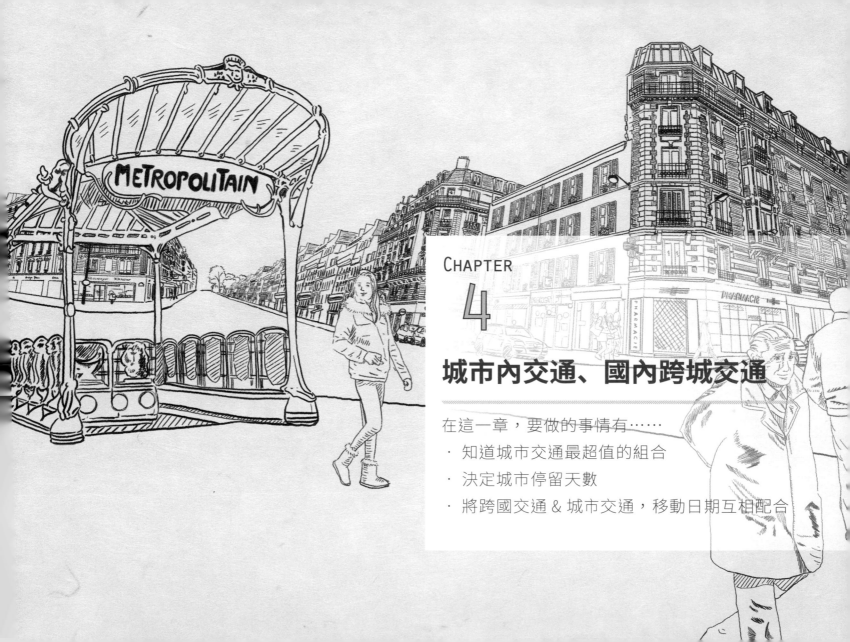

CHAPTER

4

城市內交通、國內跨城交通

在這一章，要做的事情有……

· 知道城市交通最超值的組合

· 決定城市停留天數

· 將跨國交通 & 城市交通，移動日期互相配合

現在我們對歐洲各大城市的跨國交通已經有了初步概念，也知道有哪些可使用的武器（火車、高鐵、夜車、巴士……），城市功課也做得差不多，已經大致篩選出想去的城市……先給自己掌聲鼓勵一下，完成了第一步初級任務，接下來我們就要往第二級任務前進。

第二級任務的難度微微上升，我們在此會遇到幾個難題：每個城市停留幾天？同一個國家要不要去其他城市遊玩？城市移動日該選哪一天較好？

這其中最困難的地方在於，跨國交通的移動日，和一個城市的停留時間，兩者需要互相配合，所以常常會不斷調整修改，因此需要一些耐心。

城市交通的眉眉角角

規劃行程時，遇到「這個城市該停留幾天」，實在讓人頭痛對吧？留太長浪費金錢，留太短容易悔恨。停留時間的長短，除了看城市的文化豐富程度，也可以參考一下使用「車票決定法」來幫助下決定。

什麼是「車票決定法」？就是哪種車票最划算，就待幾天！

其實一座城市就像一個人，有自己的個性和特色，了解其背後原因，理解城市遊戲規則，再從中找出符合我們需求的最優選項，會使行程安排更加順暢喔！

我依據經驗，歸納整理後，下面與大家分享每座城市的「超值搭乘天數與策略」！

paris
法國 - 巴黎

地鐵 公車
🚇 + 🚌

🈲 **以「一週」為停留單位，最佳到達時間為「週一」！**

　　在巴黎趴趴走，最划算的交通方式絕對是辦一張Navigo卡（註1），有點像臺灣的悠遊卡，不同的是辦Navigo卡需要一張一吋大頭照（先在臺灣照好帶過去比較便宜），辦卡需5歐手續費，辦卡可順便加值，有年票、月票、週票、日票等各種加值方案，我個人認為最超值的方案是「一週」票，以一星期為單位（每週一到週日使用，非7日卡），2023年的價格是All zones 1~5圈（註2）為30歐，平均一天約4歐多，若想發揮此卡最大值，還能利用它從機場搭巴士直接進市區，又省了一趟十幾歐的車資，換算下來，一天不到3歐（約臺幣百元左右），簡直超值到不可思議！

　　另外提醒千萬不要帶大行李搭巴黎地鐵！巴黎的「百年地鐵」裡大部分只有樓梯，沒有手扶梯和電梯，加上地鐵裡有許多扒手，提著大行李是他們的首要下手目標。有大行李的人建議搭巴士或計程車較佳！

Navigo卡詳細資訊：reurl.cc/qLWxvE
註1：在巴黎所有地鐵站、RER火車站、機場都能辦理，建議挑選人潮少的站別可省去排隊時間，不過若在機場就只能乖乖排隊嘍。
註2：巴黎交通以「圈數zones」計算，共分1到5圈，數字愈大距離市中心愈遠。All zones含蓋了戴高樂機場、凡爾賽宮、楓丹白露宮、迪士尼等交通範圍。

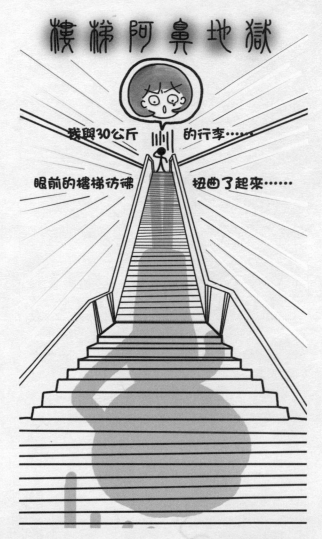

Amsterdam
荷蘭 - 阿姆斯特丹

 Tram + 步行

🔞 住市中心以步行為主可省交通費，或購買單純交通票券彈性反而更大！

荷蘭是個重視環保和節能的國家，和臺灣觀念不同的是，在阿姆斯特丹搭大眾交通工具是「耗能」的選擇，所以當地人不是步行就是騎腳踏車（零耗能）。

若想和當地人一樣騎腳踏車，可詢問青旅或民宿是否有租用服務，不太建議使用當地的共享單車，因為看完共享單車的價格後，本來覺得很貴的交通費突然覺得也還好！（笑）（2023年1日票9歐，4日票26.5歐）

阿姆斯特丹沒有地鐵，而是以路面電車Tram為主，如果喜歡逛博物館，可考慮把「交通+博物館門票」結合的「阿姆斯特丹卡」，有1到5日的選擇，愈多日愈划算，但價格不便宜，需精算，好處是可體驗遊船、交通坐到飽，不用花費心力計算。

① 荷蘭交通票：gvb.nl
② 阿姆斯特丹卡：iamsterdam.com

Berlin
德國 - 柏林

 Tram + 觀光巴士 100 200

🔞 把逛博物館的日子，和其他日子的交通券分開！

柏林的重量級博物館大多集中在博物館島或附近，因此逛博物館的日子使用吃到飽交通券不划算，應使用單次券來應對。而串連其他景點時，才使用吃到飽的交通日券，搭配涵蓋九成以上的觀光巴士100號和200號，以及路面電車Tram，絕對為你的柏林之行如虎添翼。

München
德國 - 慕尼黑

 地鐵 + 火車

🔞 好好研究邦票和日票！

在慕尼黑市中心移動，主要以地鐵為主，若到郊區參訪城堡，會使用到地區火車。購買邦票的話，可一次將邦內城市火車、公車、地鐵、Tram一網打盡

坐到飽，加上邦票為一日票，所以在規劃天數上很自由，邦票有2~5人團體票，人愈多人愈划算（詳細邦票規則，請看高級班介紹）！

不過若只在慕尼黑城市內移動的話，買邦票不划算，使用MVV市內交通票即可。如果預計市內停留7日以上，購買Isarcard Pass連續7日票最划算（2023年M區7日20.2歐/單日票8.8歐），另有1日票團體版（2~5人17歐）。

① ② ③
①MVV官網：reurl.cc/eDqRqK
②Isarcard Pass卡：reurl.cc/YeL28L
③日票團體版：reurl.cc/94Mj7j

praha
捷克 - 布拉格

Tram

🈲 單次券和一日券搭配著使用，提高行程靈活度！

在布拉格，在老城區裡大多是用步行的方式，串連景點主要以Tram移動，CP值比較高的是單次券和一

日券，雖然也有三日券（需連續天數使用），不過平均下來，價格和一日券差不多，倒不如就直接買一日券，使用更加靈活！好消息是買日券者可免費搭乘上皇宮區的纜車，另外65歲以上長者可免費搭車喔（記得攜帶證件備查）。

DP官網：reurl.cc/QX0yG9

wien
奧地利 - 維也納

Tram　公車

🈲 以「一週」為停留單位，星期幾到達都 OK ！

維也納和巴黎一樣，最超值的交通票是「一週票」（純交通），好消息是以往必須從週一用到週日的規定變了，線上購買時「可自訂日期」，也就是如果週三啟用的話可用到下週三，提升使用彈性和方便性。

這裡買：wienmobil.at，點選「tickets」

salzburg
奧地利 - 薩爾斯堡

步行 + 公車

🚶 買薩爾斯堡卡就對了！

　　薩爾斯堡卡有24、48、72小時三種選擇，內含門票及交通，包括兩次上山纜車以及遊船，非常超值方便！老城區景點集中，但若想參觀郊區景點，必定需要使用交通工具。建議可依卡片安排觀光天數，若想深度慢遊，選擇住在老城中心，沒卡可用的日子，不坐公車悠閒的漫步也相當愜意！

薩爾斯堡卡：www.salzburg.info

venezia
義大利 - 威尼斯

步行 + 船

🚶 所走的每一步，都在賺錢！

　　千萬不要拖大行李到威尼斯！坎坷的石板路和無止盡的河道與上橋下橋樓梯，會讓你搬行李搬到懷疑人生。

　　威尼斯交通以「船票」為主，貴到當地人都覺得貴森森的貴，一次券9.5歐，一日票25歐，二日票35歐，三日票45歐，有青年卡的話可以便宜一點，三日票為33歐（2023票價），有大行李的話還得為行李買票！

　　如果沒有威尼斯青年卡的話，交通票真的貴到爆炸，所以在威尼斯，最佳交通方式就是BMW（by my walk），不只是為了省錢，在威尼斯島上散步，親自用雙腳認識這座迷宮之城，是我認為認識威尼斯最好的方法！

①威尼斯交通票券：reurl.cc/01L7dM
②威尼斯旅遊官方網站：veneziaunica.it

firenze
義大利 - 佛羅倫斯

步行 + 公車

🚶 住老城區不需使用交通票

　　佛羅倫斯卡只有72小時一種卡，除了可免費參觀各重大景點，還包含公車和Tram交通，但其實在老城

區裡用不到交通工具，步行就能到達九成景點。天數安排，光衝博物館就要預留三天，另外可再安排1到2天在老城區閒晃逛街，這時也只需要步行即可。除非不住老城區，需要坐車進城，才較會有交通卡的需求。

共享單車
歐洲也有 Ubike ！

如果你在臺灣喜歡騎著Ubike趴趴走，那麼絕對不能錯過歐洲的共享單車！雖然共享單車費用，不一定比交通票便宜，但是騎單車有個好處，可以一邊移動一邊看風景，比起地鐵公車步調更慢、更悠閒，也更能帶給人更深刻的旅行感受。加上有些景點離地鐵站有點距離，騎單車能為雙腿減輕一些負擔。

在歐洲，共享單車品牌可謂百家爭鳴，每個城市各有成熟品牌，每個品牌的租借、計費方式也不大相同，拜科技所賜，大部分都有APP，建議可先在官網註冊帳號，並用信用卡作為借車卡片（有的品牌不行），非常方便。出國前先搞懂規則，也能像當地人一樣，隨時騎上單車，悠閒的說走就走！

巴黎 Vélib

（清爽藍：電動單車，青檸綠：人力單車）

- 💲 1日票5歐，7日票15歐（2023綠色人力單車收費標準）
- 💲 效期內騎乘不限次數，前30分鐘內免費，超過時間每30分鐘收費1歐，一次最多可借5台車。
- ① 可下載APP vélib或先上官網註冊，會得到兩組密碼。
- ② 騎乘方式和臺灣Ubike2.0方式較像，先按「勾勾」啟動電源，先輸入第一組密碼（8位數），再輸入第二次密碼（4位數），即可從椿柱上取車。還車時，推入椿柱後，看到stop和動態圖示人跑離車子後，即代表還車成功。
- ③ 優點：電子螢幕上有顯示時間，可精準控制騎乘時間。

阿姆斯特丹 OV Fiets

在阿姆斯特丹共享單車有三家：

- 💲 OV Fiets：2024年起每24小時4.55歐元，超過72小時後，每24小時9.55歐。
- 💲 Swapfiets：不適合觀光客，比較適合留學生長租，分為月租和半年租，租用後會寄腳踏車到你填的地址。
- 💲 Black Bikes：適合一日遊，短租3小時12歐，1日17.5歐。（費用不低，老實說我會寧願買車票。）

- ① 夜晚在荷蘭騎腳踏車，一定要開車前燈跟後燈，否則會被罰重款。
- ② 當地單車失竊率超高，所以記得單車一定要上鎖！

https://www.ns.nl/deur-tot-deur/ov-fiets

柏林 Nextbike

- 💲 單次30分鐘1歐，1日票3歐，7日票15歐
- 💲 基本方案：15分鐘1歐，24小時15歐
- 💲 柏林日票方案：1日3歐，效期內騎乘不限次數，前30分鐘內免費，超時每30分鐘加收1歐，最多24小時15歐。
- ① 一個帳號最多可借4台車。
- ② 雖然註冊是免費的，但註冊後會先從信用卡扣9歐元，後續可抵租車費。
- ③ Nextbike是跨國共享單車品牌，目前全球25個國家、德國30多個城市裡，都有它的單車身影，每個城市的租用費用都不同，原則上來說，日票或月票方案會比基本費率來得划算。另外，在柏林還有Donkey Bike、Mobike、Call a Bike、Lidl-Bike、Nextbike等多種共享單車品牌，但還是以Nextbike規模較大，方式雷同臺灣Ubike的椿柱借還。

nextbike：www.nextbike.de/berlin

捷克 | REKOLA

- 💲 單次30分鐘35克朗，月票59克朗
- 💲 月票享4次30分鐘免費騎乘
- 💲 第一個月免費，第二個月開始59克朗
  （規則可能更改）
- ❶ 可以隨時取消訂閱
- ❷ 必須停在規劃好的停車區域歸還，否則會罰款
- ❸ 布拉格、布爾諾（Brno）、布傑約維采（České Budějovice）與普羅斯捷約夫（Prostějov）、布拉迪斯拉發（Bratislava）都有Rekola服務。
- ❹ Rekola不可在人行道上騎乘。
- ❺ 在捷克也能看到德國Nextbike的共享單車。

布達佩斯 | MOL Bubi

- 💲 單次租借每分鐘40福林，月租1,000福林
- 💲 月租比分鐘計費划算，但註冊時需填寫匈牙利地址（青旅或民宿地址或許可行），月租型騎乘前30分鐘免費，超過30分鐘後同樣以每分鐘40福林計算。若使用月租方案，離開布達佩斯時，別忘記設定「取消扣款」，不然每個月都會付錢。
- ❶ 註冊帳號後綁定信用卡（需付費用120福林）即可使用。
- ❷ 一個帳號可借兩台車。

- ❸ 優點：還車時站點如果已停滿，只要把單車停在規劃的綠框內也以，但要以APP確認時間已停止計算，才算還車成功。記得拍照留存，證明已將單車停在框內，若後續收到罰款（未停在框內會罰5000福林），才能即時向客服反應證明。

  https://molbubi.hu/en/

維也納 | Rent a Radel

- 💲 30分鐘0.6歐（最高24小時14.9歐），季租或年租會員30分鐘0.3歐
- 💲 註冊帳號會收取1歐元作為費用
- ❶ 一個帳號最多可借4台車
- ❷ 可用信用卡作為租借卡，註冊帳號後，需到現場機器完成信用卡「開卡」後才能借車。
- ❸ 可用信用卡、Apple Pay、Google Pay、PayPal付費。
- ❹ 不能即還即借，還車後需過15分鐘才能再借單車。
- ❺ 和臺灣單車最大的不同是，車踏板請勿往後踩，會有煞車效果。
- ❻ 借車、還車時請留意樁柱上的綠燈是否亮起，尤其是還車，有時感應不良，可推離車柱再重新插入。不確定是否還車成功者，可拿信用卡去機器讀卡確認，是否還在租賃中。

  Rent a Radel：https://reurl.cc/l7X7rl

共享滑板車
解放雙腿的好工具

其實除了共享單車之外，歐洲還有一個深受觀光客喜歡的共享交通工具：電動滑板車。

2018年巴黎市試行「共享電動滑板車」，比起共享單車，電動滑板車更悠閒、租借手續更簡便，不僅受到各國觀光客好評，就連當地人也運用頻繁。但伴隨而來的交通亂象、違規雙載、亂停亂放等等，使得巴黎市政府不得不漸漸提高使用門檻，包括未成年者不可使用、雙載者提高罰款等等，但效果非常有限，騎乘者仍無視交通規則，在大街小巷亂竄，因此使得有些民眾開始對滑板車產生惡意，甚至拿滑板車洩憤、放火燒毀、丟進塞納河等等，造成不少社會問題。

因此2023年由巴黎市民公投決定禁止共享電動滑板車於巴黎市內現蹤跡。

不過儘管有巴黎的失敗案例，各國電動滑板車品牌百家爭鳴，例如：Circ、Tier、Voi、Lime、Bird、Wind、Jump、Dott，經過一番激烈競爭、合併後，目前仍活躍於市場，較大的品牌如下：

Tier

目前營運範圍：奧地利、比利時、法國、芬蘭、德國、匈牙利、義大利、荷蘭、波蘭、斯洛伐克、瑞士、瑞典等21個國家

Tier：reurl.cc/x7dYD4

Voi

目前營運範圍：德國、比利時、丹麥、義大利、西班牙、英國、芬蘭、瑞典、挪威等一百多個城市。

Voi：reurl.cc/4oEkmX

Lime

目前營運範圍：德國、奧地利、瑞士、法國、荷比盧、義大利、英國、北歐、東歐、美國等國家。

Lime：li.me/locations

Dott

目前營運範圍：法國、義大利、英國、西班牙、比利時、波蘭等國家。

Dott：ridedott.com

叫車不求人
不可不知的計程車 APP

在歐洲旅行時，非到萬不得已時，我絕不會選擇搭計程車；不是為了省錢，而是害怕被坑！因為時有耳聞，旅客因不熟當地計價方式，而被計程車司機坑錢。

但是如果帶著大行李，又要找路、找電梯、手扶梯（歐洲很多城市都沒有無障礙設施），真的很容易搬行李搬到鐵手鐵腿！所以後來我學會了「請房東幫忙預約計程車」，接送我們到火車站，但也有遇過臨時在車站必須搭計程車的時刻，說真的，這時就是純粹拚運氣＋冒險大挑戰了！

如果臨時被迫在路邊招計程車，和大家分享幾個「找車小祕訣」：

❶ 不要搭在火車站、客運站外「積極攬客」的計程車。

❷ 走離火車站、客運站，附近馬路隨機招的計程車反而較安全。

❸ 只搭「跳錶」計費的計程車，若對方不跳錶，不用不好意思，馬上下車再找下一輛。

❹ 計程車上若載有其他乘客「不要搭」！尤其女生旅行，又是晚上搭車的話，絕對不要搭這種有其他乘客（如果是男性更可怕）的車，因為你不知道對方是否真的是乘客，或者是預備作案的歹徒同夥。

而現在，這種搭計程車的「不安痛點」，或許能藉由各種先進的「叫車APP」解決。APP除了可先試算費用，讓路線和費用透明，還可綁定信用卡刷卡付費，免去現場現金付費、找零、是否給小費等麻煩，免去語言不通、說不清楚路線地點的尷尬，最重要的是「有評價、有申訴管道」，不用再拚個人運氣！

Uber

全球使用人數最多、服務範圍最廣、規模最大、最為人熟知的叫車APP。優點是網頁有中文版，缺點是司機素質參差不齊，女生儘量不要單獨搭乘，要留意的是，有的國家已禁止使用（例如：德國、義大利、匈牙利）。

💲 省錢小tips：首次搭乘會有小小折扣可領，費用上有競爭優勢。

FREE NOW

前身為myTaxi的FREE NOW，2019年經整合後，目前成為歐洲計程車移動三大品牌之一。其服務涵蓋範圍有10個歐洲國家（德國、英國、義大利、法國、奧地利、希臘、愛爾蘭、西班牙、波蘭、羅馬尼亞）中的150多個城市，以德國城市最多，波蘭次之，奧地利只有維也納和薩爾斯堡。

優點是可看司機個人資料、照片等，如果搭乘經驗不錯，下次還能預約同一位司機搭乘，可以決定刷卡或現金支付、可選車型。

💲 省錢小tips：可先上網搜尋有沒有折扣碼可使用，可折不小的金額！身為Uber最大競爭對手之一，建議可使用FREE NOW與Uber比價，另外郊區或小城鎮等待時間可能會較長。

https://www.free-now.com/uk/

Bolt

在歐洲Bolt也是很常用的叫車APP之一，目前可使用Bolt的歐洲國家有：德國、法國、義大利、捷克、比利時、荷蘭、瑞典、匈牙利、葡萄牙、西班牙、挪威、芬蘭、愛沙尼亞、立陶宛、克羅埃西亞、拉脫維亞、羅馬尼亞、斯洛伐克等。

優點是可以涵蓋到許多東歐國家，缺點是使用國家看似很廣，但有的國家可能在「首都」使用會較方便，例如匈牙利（沒有Uber），據說只有布達佩斯叫得到車，在郊區或小城市可能就不靈了。

💲 省錢小tips：搭乘前可先搜尋有無折扣碼，據說時常打折，價格有優勢，但等待時間會較久，建議若要使用，最好提早叫車、提早出發！

法國
常用叫車 APP

　　這些法國常用的叫車品牌，口碑都不錯，大多可線上註冊帳號、綁定信用卡、線上預約叫車、費用估算、機場或車站接送，如果帶著長輩旅行，在大移動日時想要舒服順暢一點，迷路或是夜路比較不安全，想快速回到民宿，也可考慮使用。不過還是建議儘量不要一個人或晚上搭車，出門在外，小心為上。

　　以下我以住宿處移動到巴黎火車北站為基準，測試所需費用：

G7 $ 31-39 歐

費用有平價也有豪華版選擇，可選擇車型有：G7 Green（4人電動車）、G7（4人日常型）、G7 VAN（5-7人休旅車）、G7 VIP（4人豪華型），司機、口碑評價優良準時，預約車能依乘客人數、行李數或其他特殊需求，發派不同車型，連巴黎機場接送服務的資費也完全透明，讓旅客感覺安心又便利，很適合有長輩一起旅行的人。

① www.g7.fr
② 透明資費看這裡：
　www.g7.fr/en/paris-taxi-fares

① ②

Marcel Chauffeur $ 44 歐

在法國65個城市均可使用，費用偏平價，有多種車型可選擇：Berline（一般轎車經濟型）、Hybride（電動車）、Business（豪華商務型）、VAN（7人休旅車），另外對輪椅人士也有友善服務，但必須提前92小時預定。

www.marcel.cab

GreenDriver France $ 76 歐

價格偏高價位，同樣提供有環保電動車、一般轎車、商務型豪華轎車與休旅車等六種選擇，比較特別的是GreenDriver除了打車，還可租用「帶司機的汽車」，時間有4、8小時和5天、7天四種選擇，等於是包車遊玩，對於行動不便或有較高預算的人來說很方便。

www.greendriver.fr

其他國家
常用叫車 APP

匈牙利 FőTaxi
可預約叫車，線上試算車費

https://fotaxi.hu/

荷蘭 Taxi Amsterdam

荷蘭計程車是歐洲有名的貴，且非法司機愈來愈多，搭乘前，建議先閱讀阿姆斯特丹觀光網的搭車建議，並選擇資費透明、有品牌的計程車品牌，透過線上預約叫車、熱門路線的固定資費，會較有保障。

①www.taxiserviceamsterdam.com
②阿姆斯特丹觀光網乘車指南：
　https://reurl.cc/Do5k8N

① 　②

布拉格
TICK TACK（市區使用）
Prague Airport Transport（機場接送使用）

身為捷克運輸龍頭品牌STUDENT AGENCY旗下的出租車品牌，口碑佳，司機素質佳。另外在布拉格還可以使用modrý anděl、Liftago，各家優勢不同，可多多比較，最重要的就是：千萬不要在布拉格街頭隨意攔車，坑人司機非常多！

①TICKTACK：https://ticktack.cz/
②Prague Airport Transport：
　https://reurl.cc/V4VVk6

① 　②

德國 Taxi.eu

目前營運範圍涵蓋九個國家：德國、法國、丹麥、比利時、瑞士、捷克、西班牙、盧森堡、奧地利，但主要在德國營運城市較多，其他國家主要以大城市、首都為主。優點是車很多，叫車時間短，可線上預估費用、預估抵達時間等，是強大的叫車APP。

https://www.taxi.eu/en/

德國交通規則

想在一國國內到處趴趴走，一般國家只有兩種選擇——火車票和巴士票，不過這裡有個國家很特別，它特立獨行自創了一種叫「邦票」的玩意！

交通規則最複雜的國家——德國

歐洲旅行時，你很難不去碰到這個國家，因為它不僅位於歐洲的正中央，而且四周鄰國多達9個，東西南北都有接壤的鄰國，而偏偏這個國家的人做事又特別龜毛，所以衍生出來的交通規則，可想而知是不會太簡單了。

沒錯，這個國家就是——德國！

德國的票種規則，對於初次到歐洲旅行的人，絕對是一顆震撼彈——震撼於它的龜毛、它的複雜……還有——它的省錢程度！

德國這位老大哥，個性一板一眼，事事講求規則、正確、條文（連狗鏈都有規定，要幾公尺以上才不算侵犯狗的自由權），在此民族性下，不難想見，在「交通」這件影響全國運輸的大事上，德國人能做出多少文章！

有人開玩笑說，義大利加入歐盟後（歐盟的法律是德國人制定的），對於遵守多如牛毛的規則，常常不明所以，且深感痛苦（因為義大利人素來以隨興聞名世界）。

準備好「研究」德國票種了嗎？

準備好體驗「義大利人」的痛苦了嗎？

往好處想就是——只要掌握了德國的遊戲規則與邏輯，那麼其他國家的交通規則在你眼裡，便只是小咖咖一枚！

★一顆星高手
德國各級火車及交通工具名詞介紹

　　下面表格內的火車車種，不需背下來，只需要知道，德國火車有分快車、慢車、夜車三大類即可（其實歐洲各國大致上都是如此喔！）遇到無法分辨是快車、慢車的時候，把火車代號、資訊抄下來，把票拿給站務人員看，再比比抄下的火車資訊，是得知能否搭乘最快、最正確的方法。另外，市內交通的名詞可先有個概念，因為在德國旅行一定用的到。

代　號	全　名	說　明
快　車		
ICE	Inter City Express	時速可達300 km/h，只在重大城市停靠，並會跨國與其他國重要城市聯接，有點類似我們的高鐵！最貴也最快！
IC	Inter City	停靠德國的主要城市，但停靠點比ICE多，所以速度與時間會稍慢一點，但也歸在快車範圍內。

代　號	全　名	說　明
EC	Euro City	歐洲快車，主要是連接歐洲各國重要城市
夜　車		
CNL	City Night Line	歐洲頂港有名聲，下港有出名的——豪華舒適夜車，價格偏高，但相當舒適。
EN	Euro Night	連接歐洲大城市的夜車。
D-Nacht	DB Nachtzug	德鐵的夜車。（註）
慢　車		
IE	Interregio Express	地區快車，類似我們的自強號。
RE	Regional Express	地區快車，類似我們的莒光號。
RB	Regional Bahn	地區火車，類似我們的復興號。
IR	Inter regio	中長途火車。
IRE	Inter regio express	區間火車。

代　號	全　名	說　明
市內交通		
S-Bahn		城市慢車，類似我們的電聯車，屬於火車的一種。
U-Bahn		城市捷運（這個很好理解）
Tram		城市電車，地面有鐵道、上面有電纜的車，有點類似我們說的輕軌捷運，我最喜歡搭這個，可以看風景，車子通常也很新！
Bus		公車。

（註：德鐵夜車已在2016年全面取消，部分路線由ICE繼續營運（無臥舖，只有座位，坐一整夜十多個小時且無上鎖包廂，搭乘前要考慮安全性和舒適性），部份CNL和EN列車路線由奧地利鐵路ÖBB Nightjet和其它歐洲鐵路公司合作運營，營運路線可參考Eurail網站，有詳細夜車路線介紹。）

★★兩顆星高手
德國邦界與城市的位置

　　在德國境內想要趴趴走，一定要知道什麼叫「邦界」！

　　德國由十六個邦組成，每個邦有自己的首府、規定、節日、法律，每個邦都是一個獨立且自治的邦。同理可證，各位可以將臺灣的縣市，想成是一個一個的邦，臺北市的公車，有臺北的收費標準，臺南市的公車，又是另一套收費計價方式。

　　有了邦，便有了「邦票」這玩意，它對旅行者是一大福音，因為只要「一張邦票在手，便可全邦走透透」。

　　而其中【巴伐利亞邦票】（Bayern邦，因此也有人叫拜揚邦票，首府為慕尼黑）是最常使用、最方便、也是最划算的邦票之一！我們拿它做例子，大家一定會馬上愛上德國的邦票！（沒錯，我就是這樣愛上它的！）

假如你住在巴伐利亞邦內的慕尼黑，這天你的行程如下：

從慕尼黑住宿的地方→搭捷運到火車站→搭火車去新天鵝堡山下的火車站→從火車站坐公車上去新天鵝堡山上→看完天鵝堡坐公車下山到火車站→坐火車去羅騰堡→在羅騰堡市內隨意坐公車、電車晃晃→晚上坐火車回慕尼黑火車站→坐捷運回民宿。

以上行程先不管時間上是否可行，主要是讓大家了解，這天行程中，我們要去的地方有三個：新天鵝堡、羅騰堡、慕尼黑，而因為這三個景點，都同樣位於巴伐利亞邦內，所以只要手持一張邦票，從火車（只能搭慢車）、捷運、電車、公車，全部只要亮出你的邦票就通行無阻了！是不是很神奇呢？

不過……更神奇的是……

邦票不能跨邦界，卻能跨國界？夠怪了吧！

巴伐利亞邦之所以被我拿出來說明，因為它不但面積最大，同時也是最著名的旅遊勝地，其實叫它巴伐利亞邦大家比較陌生，但如果說「慕尼黑」，大家應該就很熟悉（慕尼黑啤酒節就在這裡喔！），而慕尼黑正是巴伐利亞邦的首府！

許多著名的景點都在此邦內：新天鵝堡、舊天鵝堡、赫蓮基姆湖宮、國王湖、慕尼黑啤酒節、楚格峰（等同我們的玉山，只是比我們高很多，會下雪）、浪漫古城羅騰堡，最特別的是──它的邦界，同時也是德國國界，右邊接壤奧地利的薩爾斯堡（這裡是莫札特出生地，也是他的故鄉喔！）、南接奧地利的因斯布魯克（甜美的鄉間小鎮，也是施華洛世奇總部，不過因斯布魯克離邊界還有一段距離，需要再補買一段票）。

請大家注意！也、就、是、說，早上，我們用邦票在德國到處玩之後，晚上再拉著行李，「用同一張票坐火車」到奧地利的薩爾斯堡，是完全可行的呀～～～（原諒我激動了……）

真是太划算了！

而這一切，只要多少錢大家知道嗎？

以林果為例：林果、果姊、果媽三個人，買了一張【巴伐利亞邦票：三人票】＝30歐元（當時票價）＝1200臺幣／3（人）＝400臺幣（一個人！）

OH～MY～GOD～400元坐一整天的火車、捷運、公車，去看城堡、逛古城，最後還能跨國去奧地利莫札特的故鄉！

400元？這個價錢在臺灣不是只能坐客運到中南部而已嗎？

想知道各邦的邦界，包含哪些城市，其實很簡單，只要上GOOGLE MAP，輸入德國各邦的邦名，就會顯示明顯的框框，讓人清楚知道邦票裡包含的城市及邊界在哪。

或者是你也可以使用林果畫的簡易邦界與城市地圖，上面標注了各邦常用城市，其中比較大的紅點 ●，是各邦的首府，或是熱門旅行城市。

★★★三顆星高手
各邦邦票價格與規則

邦票不僅能在自己的邦內玩，有時還能跨到邦界的邊界城市，更棒的是有幾個比較特殊的還能跨國，想規劃出最省錢的遊玩路線的話，你不能不知喔！下面是常用的跨邦、跨國城市。

另外，邦票隨各邦政府規定，規則都不太一樣，每年會調整票價及規則。規則變動不大，但票價倒是年年調漲。所以買票前，請詳讀德國各邦邦票的規則！

邦名	此邦內的主要城市 & 常用跨國跨邦城市
巴登―符騰堡（Baden-Württemberg）	瑞士的巴塞爾Basel Bad BF（跨國）、法國的史特拉斯堡Strasbourg（跨國）、林島Lindau（跨邦）、斯圖加特Stuttgart、黑森林、弗萊堡Freiburg、烏姆Ulm、海德堡Heidelberg、巴登巴登Baden-baden

邦名	此邦內的主要城市 & 常用跨國跨邦城市
拜揚（Bayern）巴伐利亞（Bavaria）可用當地的交通	奧地利的薩爾斯堡Salzburg（跨國）、奧地利庫夫斯坦Kufstein（跨國）、烏姆Ulm（跨邦）、克賴爾斯海姆Crailsheim（跨邦）、慕尼黑München、赫蓮基姆湖宮、新/舊天鵝堡（車站Füssen）、林德霍夫宮、楚格峰Zugspitze、紐倫堡Nürnberg、符茲堡Würzburg、羅騰堡Rothenburg、諾特林根Nördlingen、拜羅伊特Bayreuth、班貝格Bamberg、奧格斯堡Augsburg、貝希特斯加登Berchtesgaden、林島Lindau

★高級博士
升級了！

你以為德國人的認真，只是發明「邦票」就可以獲得滿足了嗎？

不，除了邦票，還有一種鼓勵大家週末揪團出去玩最划算的——快樂週末票（Schoenes-Wochenende-Ticket）！快樂週末票和邦票最大的不同就是「可以跨邦」，等同一張「假日全國火車慢車通行證」的概念！但是，快樂週末票已在2019年6月停售，不過……我一點都不覺得可惜，因為德國新推出了「跨邦票」（Quer-durchs-Land-Ticket），也就是不限假日，每天都能用的「全國火車慢車通行證」，等於把原本只能在「六日跨邦」的票，改為「日日都能跨」，等於是擴大升級更好用了！

德國邦票大 PK

		快樂週末票（停售）					跨邦票					邦票（以巴伐利亞邦票為例）				
		可跨邦										不可跨邦				
使用時間		只能六、日使用 am0：00 ~隔天am3：00					一到五：am9：00 ~隔天am3：00 六日、國定假日：am0：00 ~隔天am3：00									
價格	人數	1人	2人	3人	4人	5人	1人	2人	3人	4人	5人	1人	2人	3人	4人	5人
	總價	42歐					44歐	51歐	58歐	65歐	72歐	27歐	36歐	45歐	54歐	63歐
	平均人/歐	42	21	14	10.5	8.4	44	25.5	19.33	16.25	14.4	27	18	15	13.5	12.6
搭乘範圍		使用期間內，不限次數搭乘全國「火車慢車」，但不能搭乘各邦公車、地鐵、電車。 不可搭「快車」：ICE、InterCity（IC）、EuroCity（EC）、IC Bus、EuroNight 可搭「慢車」：IRE、RE、RB、S-Bahn（德鐵市區火車）、Zug（德國私營區域火車）、BUS SEV（Schienenersatzverkehr鐵路接駁巴士）										使用期間內，不限次數搭乘邦內「火車慢車」，而且可以搭乘邦內的公車、地鐵、電車。 不可搭「快車」：ICE、InterCity（IC）、EuroCity（EC）、IC Bus、EuroNight 可搭「慢車」：IRE、RE、RB、S-Bahn、Zug、BUS SEV，和邦內U-Bahn、Bus、Tram				

注意事項：1.若在德鐵網或APP購票，必須輸入乘客全名，輸入後就不能更改；若在現場售票機購票，所有乘客需手簽全名在票券正面簽名欄位上。請留意，以上都是寫「護照英文名」。

2.0到5歲兒童免費搭乘，最多可帶三位6到14歲孩子免費搭乘（需有成人帶領，子女、孫子女或其他家庭的兒童皆可），都不計入使用人數。年齡以「乘車日期」當日實際年齡為準。

跨邦票規則，詳見 https://reurl.cc/edYlGL

各邦邦票，詳見 https://reurl.cc/7k6Kz5

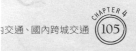

德鐵新推出「49 歐」月票全國走透透

大家有沒有發現，「邦票」不可跨邦但可搭公車，而「跨邦票」可以跨邦卻不能搭公車，難道就沒有一種票可以同時滿足所有條件嗎？咦，還真的有！

德國在2023年推出了坐到飽「49歐月票」（Deutschland-Ticket，簡稱D-Ticket），使用規則就是「全國火車慢車」+「跨邦」+「公車地鐵電車」一個月內任你搭，讓你搭車完全不糾結！但使用上有幾個小事項需注意：

1. 使用時間為「整月」而非「30日」機制

   簡單來說，就是從購買日開始或每個月的1號開始，使用到當月的最後一日。所以無論是7/1還是7/5開始使用，一樣都只能用到7/31。

2. 記得10號前取消訂閱

   其實此49歐應是「年票」而非「月票」，只是以「每月扣款」制，所以就被充滿智慧的廣大民眾超展開變成「月票」使用。每月扣款日為10號，也就是說如果是在7/5購買，且只想在7月份使用的話，最好在7/9前「退訂」，如果是在7/11購買，很抱歉，就只能付滿7、8兩個月的錢，因為8月份月票最晚只能在7/10前取消。但反之「提早」購買是可行的。例如7/11買8月的票，買完後馬上取消訂閱，理論上就是只買8月份一個月的票。

3. 付費有「限制」

   49歐月票人人可購買，但是付款機制目前還未全面開放信用卡付款，「理論上」目前德鐵官網和APP只能以「德銀帳戶」付款，而沒有德銀帳戶的旅人們，可到車站臨櫃，以現金或信用卡購買月票，或是用「地方交通」系統APP購買，（例如：慕尼黑MVV、漢堡HVV、RMVgo等），可直接線上以信用卡付款！

D-Ticket德鐵官網説明reurl.cc/GKRzXd

MVV 買票教學：

1 進入 APP 首頁，點選下方「Ticketshop」。

2 這邊建議大家先加入免費會員並登入，即使這邊沒有登入，後面也會強制加入免費會員才能買票。加入會員時，留意姓名拼音要和護照上一樣。登入完後按買票進入下一步。

3 選擇 49 歐月票。

4 再選一次，確認繼續。

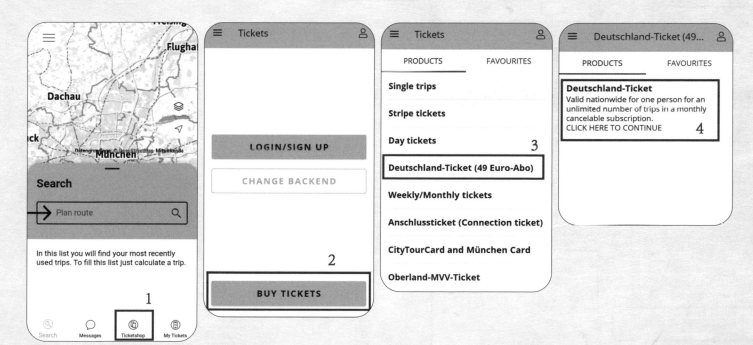

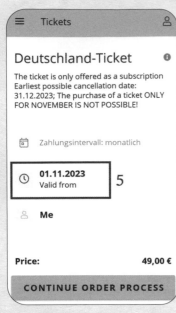

5 日期會預設顯示當月 1 號，點選時間，進行日期選擇。

6 選擇想要乘車的月份，按 ok 繼續下一步。

7 確認日期、價格都正確後，下一步。

8 選擇信用卡付費。

9 填入信用卡資料。

10 確認進入下一步刷卡買票。

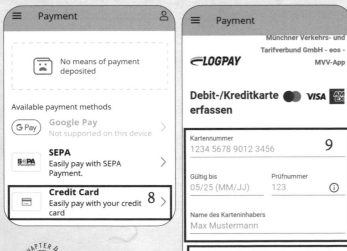

TIPS：

1. 留意信箱是否填寫正確，因為買完票要到信箱收取激活車票碼，或進行取消訂閱（Kündigung），都必須透過信箱。

2. 此月票無法打印，而是使用手機電子驗票（QR-code），並且需隨身攜帶護照（有照片、有名字拼音）以便核對身分，車票是實名制，所以也無法轉讓他人使用，或是兩人共用一張喔。

3. 有的APP可離線顯示QR-code有的不行，建議出遊前先進行確認。

4. 不可乘坐一等艙，也不可搭乘DB Fernverkehr AG運營的RE火車，查詢車次時，需確認是否有此型號火車存在。

林果經驗談
使用邦票注意事項

- 邦票可在官網、APP購買，也可到當地後用售票機購買，臨櫃購買則會多收2歐手續費。
- 上車前一定要檢查車票（紙本和數位都要）有沒有顯示搭乘日期，如果沒有，紙本票券一定要去打印機打上日期（數位票上面應該都有），總而言之，上車前一定要有日期在票上面，否則視同逃票，罰則相當重。
- 拿邦票坐快車（ICE、IC、EC）也視同逃票（曾偷聽到同班車的女生們，就因為坐錯車被罰），罰則相當重，除了上車前確認車班資訊無誤之外，趁著等車空檔，看到車掌就趕緊向前，把票拿給車掌先生看，再指指火車，確認邦票是否可搭此班車，如此比較保險！
- 團體邦票必須同進同出，如果是買三人票，便一整天都要三個人一起行動，但若是買五人票，有二人先下車離開了，另外三人還是可以繼續搭車。使用過但還有時間的邦票也不能販賣，被警察看到的話，不僅會罰錢開單，還會留下犯罪紀錄！！
- 只能搭乘慢車的話，需轉較多次車，錯過當班火車後，無需緊張，再等下一班即可；另外有的邦有推出一等車廂的車票。
- 有的邦有「夜票」，夜票使用時間通常是pm 7:00～am 6:00（隔天），詳細規定見各邦規則。
- 若想在「移動日」使用跨邦票，最好三思而後行，因為拖著大行李，只能搭慢車的話，要把轉車次數、搬行李上下車的緊張和體力消耗也考量進去，帶著長輩旅行的話千萬不宜。
- 什麼時候使用「跨邦票」最好？就是遊玩路線本身就會跨好幾個邦界的路線，例如遊覽萊茵河左岸、右岸的沿岸小鎮風光，萊茵河流域本身跨越好幾個邦，使用一日跨邦票就可輕鬆出遊。

林果經驗談
CP 值比價格重要

現在有「跨邦票」真的是非常方便吶！想當初我非常不幸的，剛好卡在「非假日，但必須跨邦」的窘境上，於是天人交戰的時刻來臨了：A方案是直接購買火車票，轉車三次，比B方案貴10歐；B方案是購買兩張邦票，雖然比較便宜，但需轉車七次（因為只能搭慢車）。

10歐，是10歐耶！臺幣400元，這對精打細算的我而言，是非常嚴重的事情呀！（腦中不停響起收銀機打開叮的一聲～～然後錢就飛走的畫面⋯⋯）

於是，在果姊一語驚醒夢中人之下，最後，我非常慶幸自己最後選擇了A方案。

因為搭車時，除了搬運大行李上下火車的體力耗損，還有轉車時，要隨時注意是否到站、下車後尋找下一班火車的月台、轉車時間可能只有十分鐘的壓力等等各種因素，所造成精神上的緊張感，都讓我覺得──這10歐花得很值得！

這次的經驗，也讓我在「價格」與「旅行品質」的天秤上，又上了寶貴的一課！

到底該選 A 還是 B 啊？

當然是選移動次數少的啊，一直搬行李換車很累耶！

這有什麼好考慮的～

真的是很認真地在煩惱著呀！

偶然走過，不經意的一句話～

林果の發問時間 & 祕技總整理

Q 聽說德國不管你是逃票，還是坐錯車，一律都會被罰予相當重的罰款，真怕坐錯車，有什麼一勞永逸的辦法嗎？

當然有，林果常用的懶人法之一就是：不確定能不能坐當地的巴士和地鐵的話，就先把我買好的邦票，還有想坐的車次資訊（別忘了抄車次的火車代號喔）拿去問站務人員是否可以搭乘，這樣就不怕違規被罰錢啦！

Q 德國網站都是英文，看不懂，如果要從A邦到B邦的邊界城市，不確定可不可以用邦票時，又該怎麼辦呢？

這個簡單，有三個方法。第一，可以先用前面附上的「德國邦界與城市」對照圖來查詢。第二，可以在前面各邦邦票網頁（reurl.cc/7k6Kz5）最下方，下載各邦的「鐵路路線圖」，上面清楚列出邦內和邦界的火車站。第三，也可以用德鐵網站來驗證喔！依照下面的圖例，一步一步跟著我做吧！

例：從慕尼黑（巴伐利亞邦）到烏姆 Ulm（屬巴登—符騰堡邦，位於兩邦交界處）能不能使用邦票呢？

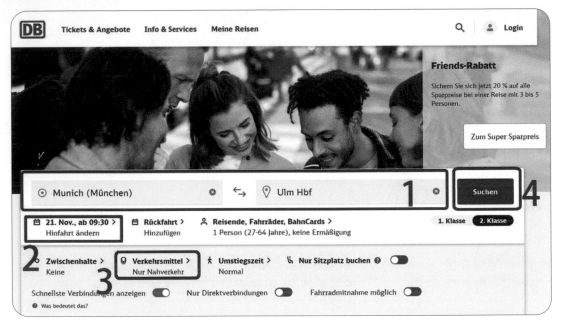

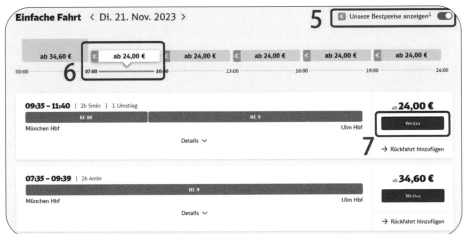

1　我們先進入德鐵 DB 網頁（www. bahn.de），輸入起迄點車站：慕尼黑 Munchen 和烏姆 Ulm 車站（烏姆後面的 Hbf 就是 Hauptbahnhof 當地主要車站的縮寫）。

2　輸入想移動的日期和時間，ab 是指出發時間。

3　這個選項意思是「只有慢車」，大家應該還沒忘記，邦票只能坐慢車吧！所以如果當我們想查詢從 A 到 B 地，只搭慢車該如何銜接火車時，就別忘了勾選這個選項！後面的選項是指以最快的方式到達。

4　繼續下一步。

5　把顯示最優惠票價的選項打勾。

6　可以看到早上七點後出發比較優惠。

7　看車票細項。

8 這邊看到可以使用的車票和價格，位於第二就是巴伐利亞邦票（Bayern-Ticket），所以確認可以使用！另外，阿爾高施瓦本地區車票雖然比邦票便宜 3 歐，但只能搭火車，不能搭公車、地鐵，所以從住處移動到火車站若需搭交通工具，必須另買車票。

Q 邦票、跨邦票、月票，還有快車、慢車，一大堆規定和細節，聽得我頭好昏吶！又怕自己選錯車票、用錯方法。有沒有什麼比較快的方法可以幫助我決定呢？

我了解、我了解，想當初想搞懂這些規則，林果也是一個頭兩個大呢！

林果設計下面小小的簡單問答，快速幫你釐清重點。

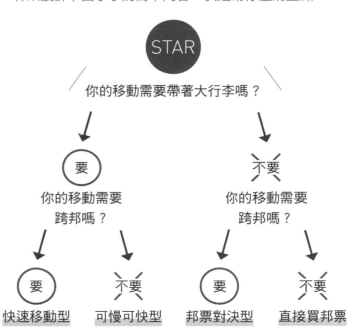

快速移動型

第一，先查詢「單張直達車」車票價格（火車、巴士都可查）。第二，比較跨邦票的價格和轉乘車次。如果兩者價格沒有差很多，我會建議直接搭直達車。如果跨邦票較便宜且只轉乘一次，可以考慮，但如果要轉乘很多次，若價格沒差很多的話，建議還是搭直達車較舒服。

可慢可快型

有大行李但只在邦內移動的話，我建議可以先查「直達火車、巴士」價格，再看「邦票價格＋轉乘次數」，三者一起比較。

邦票對決型

先看你要「跨幾個邦」再決定買什麼票！如果要跨很多邦的話，那「跨邦票」是你的最佳選擇！但如果只需跨一個邦的話，可以先查一下「兩張邦票」的價格和跨邦票比價一下，如果價格差不多，建議買「兩張邦票」，因為跨邦票只能坐火車，但「邦票」還可以搭公車、地鐵、電車，就遊玩性質來說比跨邦票優惠。如果超過 49 歐，可考慮買月票！

直接買邦票

只在邦內遊玩的你，當然就是買邦票啊！如果你的行程不需要搭火車，那就買市區內的交通一日票即可。

只在邦內趴趴走時，使用邦票！2~5 人一組，愈多人愈划算！

使用邦票的當天晚上，可以移動至鄰近的邦或國家！

買跨邦票之前，別忘了也可以先比較「買直達車」和「兩張邦票」和「49 歐月票」的價格和時間！

想省到最高點的人，把「歐洲巴士」和「德鐵 DB」網站、邦票、月票，四種管道交叉查詢，有時候，會發現意想不到的省錢路線喔！

去威尼斯迷路

威尼斯除了大運河，還有一七七條窄河道和二千三百條更窄的水巷，跨越這些水面的是四二八座大大小小的橋……威尼斯不是數字，是個實實在在的豪華迷宮。

——阿誠《威尼斯日記》

「威尼斯的威尼斯」是一座島，不和義大利本國陸地相連，想到達，除了海運，還有一條公路和鐵軌，像條臍帶連結義大利和威尼斯，並源源不斷地為小島帶來無盡的觀光客。

在這裡，一般城市裡的公車、電車、捷運、火車都不存在；這裡是船的王國。公船、救護船、警船、垃圾船，還有知名的貢多拉……難怪許多人用「浪漫」形容威尼斯，所有交通工具都像喝醉了一樣，搖搖晃晃，微醺。這裡是美人魚和人類談戀愛的理想之城，不用以美妙歌聲換取雙腳了，哪兒人魚都能到。

在威尼斯散步，絕對是世上少有的一種城市體驗。

若不坐船，在岸上只能走路，當地居住、觀光人口之密集不輸給大都會，但大街小巷中卻完全不見紅綠燈。沒有車輛和紅綠燈的街道，行人擁有了全部的自由，也擁有了和街巷玩捉迷藏，享受迷路的樂趣。

在威尼斯，紙地圖不管用，高科技導航系統也可能失靈，這是一件好事，因為我終於從單薄的地圖中抬起頭，看見天空，用一棟建築物的斑駁程度，以巷弄轉角的郵報攤，依某棵老樹獨特的身形，認識一座城市。回家的路，不再只是冷冰冰的地鐵站名，或是格式統一的地圖線條。

我永遠記得，回家必經河道上的三座橋，有一座橋的空中，掛著一隻黃色的小鴨玩偶，指向正確回家的道路，接著會經過房東小孩唸的小學學校，在下個十字路的郵報攤要記得左轉，家就快到了。我記憶中的威尼斯巷弄，有人生活的痕跡。

　　正如作家阿誠再貼切不過的描寫：

　　假如威尼斯的一條小巷是不通的，那麼在巷口一定沒有警告標誌。你只管走進去好了，碰壁返回來的時候不用安慰自己或生氣，因為威尼斯的每一條小巷都有性格，或者神祕，或者意料不到，比如有精美的大門或透過大門而看到一個精美的庭院，遺憾的是有些小巷去過之後再也找不到了，有時卻會無意中又走進同一條小巷，好像重溫舊日的情人。應該為威尼斯的每一條街巷寫傳。

　　我希望威尼斯可以永遠是威尼斯。
　　有一點微醺，不那麼確定，試圖控制什麼但控制不了，決定放棄時又出現在身邊……打開所有感知去生活，威尼斯的存在是最好的提醒。

每一個城市，都有自己的購票機、自己的語言、自己的交通遊戲規則，每每到達一個新的城市，就要重新接受一次挑戰，就好像在參加闖關比賽一樣，一關接著一關，每關的內容都不一樣，每次都要努力想辦法克服！

所以，每當火車到站，下了火車，雙腳在月台上站妥，挑戰才正要開始……

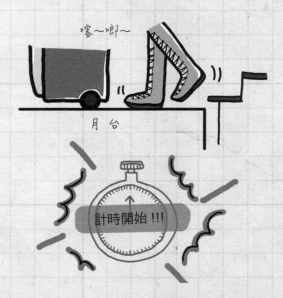

至於為什麼要這麼緊張呢?因為在國外，車站這種人多混雜的地方，是扒手、小偷最猖獗的地方，尤其是帶著大行李的人，因為行動不便，所以更容易成為下手的對象!

所以每到一個新地點，我們總是想辦法用最快的速度，迅速找到住宿的地點，不過剛到一個新環境，人生地不熟，難免會像無頭蒼蠅一樣亂轉……

拉著二、三十公斤的行李，肩上再背著五到七公斤的背包，
每每到了住宿地點之後的隔天，肩膀都要痠痛一整天……

在車站拉著行李東奔西跑了幾次後，果姊終於受不了了，而且對果媽的體力負荷也很大，所以我們想了一個辦法，那就是——把果媽丟掉！

我們儘量把果媽丟在這種，有著明亮玻璃窗和穿著整齊車站服務人員制服的服務空間！這裡面通常有暖氣，對於在冬天旅行的人是一大福音！

動作很快的果姊，已經鎖定方向了，但是號稱是路痴的她，到底是哪裡來的自信和根據，覺得她的方向一定是對的呢？我一直很疑惑。

雖然把果媽丟掉是不得已的，我們也很擔心，被行李團團圍住的她，如果真的有人把行李搶走的話，其實果媽也是無能為力，但即使如此，分開行動，還是讓找路的效率提高很多！

不過，有時候會遇到小車站沒有明亮空間和有穿制服人員的櫃台，這時，便會出現第二種「隊型」——先派出我這個偵查兵前去探路！

妳慢慢來吧，記得看看有沒有電梯之類的，搬行李用得到！

小心一點！

因為可以休息，所以態度轉變很大的果姊…

那我去那邊看看喔～

在冬天可以用行李擋風！

因為安心而速度變回平常的緩慢模式

旅行會遇到各式各樣的狀況，因為採取的對策不同造成心情的不同，也成為了難忘的回憶。明明自己一個人行動，應感到不安的時刻，卻因知道果姊和果媽在一起很安全，反而感覺安心的奇妙心情，如果沒有親身經歷過，是很難體會的吧！（笑）

買票教學：一步一步跟著做，
輕鬆買超值早鳥票！

在這一章，要做的事情有……

· 保持耐心和細心

· 選一張回饋最佳或海外刷卡免手續費的信用卡

· 穩定的網路，並備好《歐洲不難》！

（注：此章節網路截圖只作為買票步驟教學使用，並不保證任何
價格。圖片版權為各國網站所有，並保有所有路線、價格、資料
修改的權利。）

前面介紹了這麼多交通方式和省錢方法，相信大家一定迫不及待想上網查詢各種票價和路線，計算到底要花多少交通預算！不過先別急，買票前不妨先閱讀此章，將可發現許多驚奇，讓路線規劃事半功倍！

例如：行程規劃要去倫敦、巴黎、布魯塞爾、阿姆斯特丹、科隆，居然只要一輛高鐵通通搞定？最龜毛的德國國鐵DB，為何榮登我心中第一名好用鐵路網站？而義大利國鐵又為什麼總是找不到要去的城市呢？

跟著我，一步步解鎖有趣的歐洲火車吧！

買車票前需知道的八件事

1 先「預習」網站買票流程

在規劃路線，如何連接城市順序時，各國國鐵、巴士網站就是我們的好朋友！除了可以提供我們便宜車票的資訊，讓我們更好掌控交通預算、評估如何搭

車最經濟之外，許多看似遙遠、不知該如何串連的城市，一看到特惠車票之後就有絕佳靈感！

先預習網站除了上述好處，主要還因為各國買票流程不一樣，語言也不一樣，雖然大多有英文版網頁，但建議還是使用原文會更加穩定，事先預習好流程和邏輯後，等到正式買票那天才不會手忙腳亂，錯過買最便宜特惠票的時機，尤其是重大假期旺季，全歐洲人民可是會同時上線跟你搶票的喔。

2 夏季四個月，冬季三個月

歐洲火車票、巴士票通常分冬夏兩季，提早買票時間也不一樣，通常夏季（4~10月）會提前四個月開賣，冬季（11~3月）會提前三個月開賣。舉例來說，5/1開始販售9/1的火車票，12/1開始販售3/1火車票（依每月日數不同，可能會＋－1日），部分網站甚至可以買到更久之後的車票，所以事先上網查詢作功課絕對必不可少。

3 小心「季節交界期」

從以上邏輯推算，正常來說，8/31應該已經可買到11/31的票，不過……此時無論怎麼查詢，網頁卻只顯示到10/31的票價，為什麼呢？這是因為遇到「季節交界」，所以冬季票還沒開賣！

話說當時我為了買一張11月中旬的火車票，從8月開始就痴痴守候在電腦前，奈何車票一直不開賣，眼看出國日期一天天逼近，這又是我整個行程要買的第一張交通票，在買不到票的情況下，後面的住宿和交通票全都不敢下訂，就怕有其他變化，錢就白花了！最後我一直等到大約9月底，11月的票才開始販售，而且原先查好的特惠票，到了冬季居然沒特惠了！一整個大傻眼！

如果旅行日期剛好遇到交界期，要有心理準備，不但提前買票日期會被延後，還有冬夏兩季的特惠路線也可能會不一樣，所以決定旅行日期時，最好能避開或是安排在行程的後段時間，才不會像我一樣緊張！

4 特惠票通常不可退、不可換票

買超值早鳥票、特惠票前，一定要認清自己是不是屬於「規劃控」和「絕不遲到」的旅行體質。因為特惠票通常伴隨著嚴格的退換票規定（通常是不能改不能退），也就是說，除非是當地火車停駛、延誤，否則因為個人原因（例如遲到、改行程），想改票或是沒搭上火車的話，通常都是不．給．退．錢．的喔！

5 名字、信箱千萬不可輸入錯誤

在歐洲，從網路預買交通票大多是提供電子票券，刷卡付款後，會寄信到e-mail，旅客可以電子票券（信箱QR-code或APP），或列印紙本票券，在車上供車掌查票，所以在填e-mail信箱時，一定要多檢查幾次，避免填錯收不到信。另外不能填錯的還有名字的羅馬拼音，要和護照上一致，驗票時除了看車票，還會核對護照，更保險一點的還可把刷卡的信用卡備著。

6 注意「取票」方式

雖然大部分國家都很先進了，會以e-mail寄票，但我遇過兩次，強制規定只能取實體票券，一次是從布拉格去布達佩斯的火車票，匈牙利國鐵居然只能去「現場」用售票機取票！買完票的我當場大傻眼，最後的應變方法，就是趕緊在Airbnb上詢問幾家有互動過的當地房東（當時還沒訂房，只在留言詢問中），能否幫我取票並寄到臺灣，好在其中有一家願意，因此我也就決定選擇入住她的房源。

另一次是德國國鐵，其實德國國鐵也是用e-mail寄票的，但可能那張票我設定得太複雜了，導致最後只能選擇「郵寄實體票券」（當時已經快要出國了），好在這張火車票處於旅程尾聲，前一站剛好我住沙發衝浪主人的家，因此趕快緊急聯絡沙發衝浪主人，詢問能否將車票寄到她家，幫我代收車票，才又順利度過一次危機。

7 確認時間和地點

小心！別看到1歐、5歐車票就心動，衝動購買，除了退換票、行李限制等要詳細閱讀之外，車次時間和乘車地點也要一併考量進去。首先是搭車的火車站、巴士站，是否很偏僻？有沒有交通工具可以到？還是要叫計程車？先用google map查詢需要多少交通時間（參考用，我通常會再多加半小時至1小時比較保險），若出發時間太早，還需考量當地捷運、公車營業了嗎？

另外是車次時間，愈早或愈晚價格會較便宜（畢竟比較少人搭），但我真的建議不要搭「太早發車」或「太晚到達」的車次，除了黑漆漆的路上沒人可問路，也比較危險。怎樣算太早太晚？我認為早上八點前搭車，和下午五點後到達，都是會比較讓人緊張不安的乘車時間。

會這樣說是因為我從柏林到布拉格時，買了早上七點半的巴士票，當天早上凌晨六點從民宿出發，雖說捷運剛好六點開始營業，但拖著行李一路走過去

的路上，天黑得像半夜一樣，非常可怕，更慘的是google map還指路錯誤，我們迷路了，但路上半個人都沒有，連商店也都沒開，根本找不到人問路。好佳在突然出現一位騎腳踏車的男士，好心告訴我們離車站還很遠，最好坐公車，我們才能及時到達車站，否則這張特惠票就作廢了。

因此基於安全考量，我建議儘量選擇在白天移動會較安全，如果時間真的沒辦法選擇，那就請房東幫忙叫計程車，直接抵達車站，這時候就不能一直想著省錢了，而是選擇性地花一點錢，但能節省很多體力和壓力，CP值很高！

8 備好多元驗票方式

雖說現在網路、手機APP很方便，但若是突然連不上網路，或者手機被扒了、丟了、泡水了怎麼辦？因此不管科技如何發達，我建議還是可以備兩份紙本票，一份放行李箱，一份放背包隨身攜帶，也算是我這種紙本控的防呆機制吧！（笑）

法國高鐵、國鐵、巴士

法國大力士高鐵 Thalys

大力士高鐵是我愛用的鐵路之一！除了迷人的外表，酒紅色的車裝，舒適優雅又快速的乘坐體驗，最重要的是：雖是高鐵，但卻高貴不貴！

夏季最早可提早四個月前買票，冬季最早可提早三個月買票，暑假是歐洲旅行大旺季，建議提早四個月買票比較容易買到早鳥票，有比較多車次可選擇。從巴黎到阿姆斯特丹，只要短短三個半小時即到，若買早鳥票，只要35歐，相當於只要臺幣一千元出頭，更棒的是，十年來票價如一，2023年書籍改版當下查詢，仍然只要35歐！

好消息是自2023年10月起，大力士和歐洲之星合併了！在歐洲之星eurostar.com網頁上，就能一次買到大力士和歐洲之星的火車票，輕鬆串起倫敦、巴黎、布魯塞爾、阿姆斯特丹等四國首都，是規劃英法德比荷旅行時，跨國交通的好幫手！

歐洲之星營運路線：reurl.cc/7MQDz9

冬夏兩季還會加開冬雪號和太陽號列車，暑假限定的太陽號可前往法國迪士尼、瓦朗斯、阿維尼翁、普羅旺斯艾克斯、馬賽，冬雪號則是前往阿爾卑斯山滑雪勝地聖莫里斯堡、尚貝里、蘭德里、阿爾貝維爾和穆捷。

因為大力士路線相對單純，所以買票步驟算簡單，因此作為我們學習歐洲火車的初始練功對象，等到熟悉歐鐵邏輯後，其他國家的鐵路網站大多就能舉一反三囉！

下面我們進入歐洲之星網站，假設從「巴黎→荷蘭阿姆斯特丹」，開始進行買票！

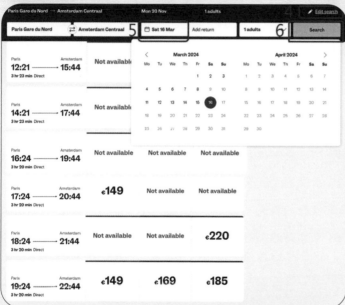

1 進入歐洲之星 www.eurostar.com 首頁，選擇出發地巴黎，目的地阿姆斯特丹。

2 如果是買單程票，只要選擇出發日期即可，買來回票才需選擇回程日期。這邊我先設定兩天後出發的一張成人單程票，看看票價如何。（正式購買時，需正確填入乘客人數和年齡，有時兒童、青少年、長者會有折扣，會影響後面票價計算）

3 確認開始搜尋。

4 看到近出發日的車票不是已經售完，或剩時間很晚的車次，最便宜的也要 149 歐，實在貴森森，我們按這裡重新更改搜尋條件。

5 將時間往後查找，發現冬季也能往後四個月開始買票，選擇最遠的日期。

6 確認開始搜尋。

7 這邊可以看到不同票種能享有的特惠機制不同。

8 選擇最便宜的價格「35 歐」。

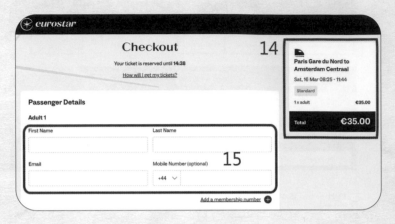

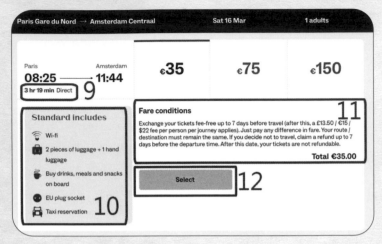

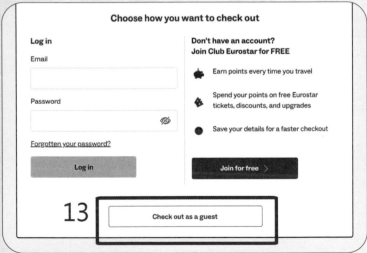

9　顯示此輛車的行車時間，Direct 代表直達車，不用轉乘。

10　這邊看到車上設備，和對行李的限制，必須詳細閱讀。

11　這裡提到此票種的退票、換票機制，需詳細閱讀。

12　確認無誤後，選擇確定，進行下一步。

13　有會員帳號的可以進行登入，不想申請的話也可以用下方的「訪客身份」繼續購票。

14　再次確認車次、時間、價格無誤。

15　填入搭乘人護照上的姓名拼音，有寫「optional」的選項可填可不填。

16 這裡的聯絡資料是為了車次如有更動，做聯繫通知用，所以 e-mail 和電話都是必填選擇。

17 如果有相關折扣碼可填在這邊。

18 填入信用卡資料（別忘了選可累積紅利點數的那張）。

19 填入帳單地址，國家有台灣選項。

20 上面的選項是指願意收到相關優惠訊息，可勾可不勾，但下方是同意鐵路公司的相關規定，必須勾選。

21 最後確認所有訊息無誤後，即可確認購買。

　　最後別忘了到信箱、app收信，確認車票資訊無誤喔！也可以列印一份紙本車票在身上。好奇算了一下，2012年只要116歐的車票，2023年居然漲到149歐！但早鳥票仍維持35歐，非常佛心。

　　116歐－35歐＝81歐＝3037元

　　149歐－35歐＝114歐＝3762元

　　只要提早規劃、買早鳥票，不僅可享受價差，還能避開漲價！算一算，35歐才臺幣1200左右，而臺灣高鐵從臺北到高雄就要1500元，老實說，歐洲火車真的貴嗎？

法國國鐵 SNCF

　　若論歐鐵網站的「好用度」，法國國鐵官網雖不是我心中第一，但也能排上第二，因為很多跨國票都可在此購買，例如：荷蘭、比利時、英國、義大利、西班牙等，所以做跨國路線規劃時，法國國鐵是重要的車票購買網。

　　而且誰說法國人生性浪漫等於不做事、效率差？法國國鐵網站的升級改版，強大到讓我嘖嘖稱奇！現在在SNCF網上查火車，不但幫你把客運一起並列比價，連帶將法國著名的新創獨角獸「拼車網BlaBlaCar」也一併整合在內，這就等同於你明明是上台鐵查火車，它卻將統聯和拼車價格、時間同時整合呈現給你，真是神奇！不過背後是有原因的，我們等介紹BlaBlaCar時再細說。

　　現在我們還是先學會法國國鐵站的操作吧，好消息是官網改版後，流程簡化，變得更簡單易購，現在就讓我們進入法國國鐵網，並假設我們要從巴黎前往德國的轉運大城：法蘭克福。

1 進入法國國鐵網 www.sncf.fr 首頁，右上角可以選英文。

2 選擇預定。

3 選擇預定車票。

4 這邊要輸入的是目的地。

5 輸入出發地。

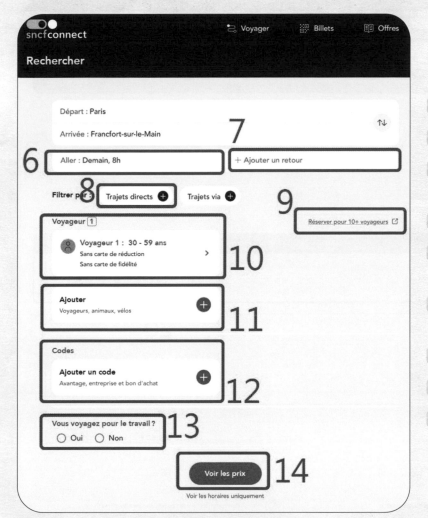

6　輸入出發日期和預計搭車的時間。

7　如果需要買來回票可在此增加，否則可忽略。

8　如增加篩選條件，例如：只顯示直達車，但因為我們想看最便宜的票是多少錢，所以先不加。

9　如果是十人以上的團體旅行，可前往這裡買票。

10　選擇乘客年齡，兒童和長者可能會有優惠，若是輪椅乘客也可在此註記。

11　添加同行旅伴資訊，或是有攜帶自行車、寵物等也需添加，可能會酌收部分費用。

12　如果有優惠碼可在此輸入，沒有跳過。

13　是否為出差，不是選 non，也可忽略不選。

14　尋找，進入下一步。

15 這裡可看到有火車和巴士的選項，如果在火車這邊沒看到合適的車次時間的話，也可以看看巴士這有沒有便宜的票。

16 這裡可看到一週票價，39 歐是最低的價格。

17 有小黃標的票價代表所剩不多嚕，要買要快。

18 顯示「數字+correspondances」代表需要轉乘的次數。

19 Direct 代表直達，後方會跟著火車營運名稱。

20 按下票價後，可以看到右邊框框，出現該車次的詳細訊息。

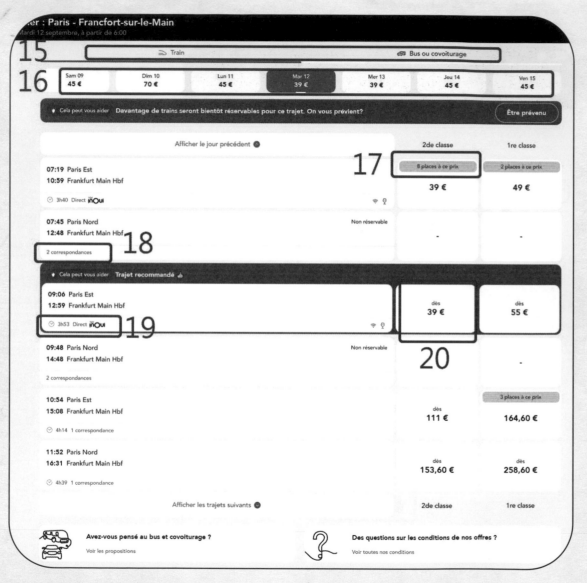

21 二等艙 39 歐，也可以選頭等艙 55 歐，或是下方的商務艙 138 歐，隨著價格不同，對退換票的彈性程度也不同，要仔細看清楚。

22 這邊可看到是搭乘法國高鐵 TGV 以及車號，從巴黎直達法蘭克福，不用轉車，以及乘車時間近四小時左右。

23 按這邊繼續往下預訂。

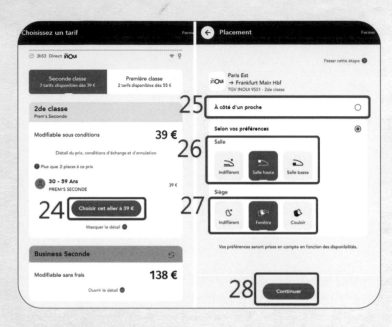

24 按下確認，前往選位。

25 如果已經有朋友買好票，可以點這裡輸入對方的位置，便可和心愛的人坐在一起。

26 或是輸入自己的喜好，選項依序為：無偏好、上層、下層。不同車型有不同選項，不一定有上下層車廂。

27 座位喜好依序為：無偏好、靠窗、靠走道。不同選項有的可能有包廂，小圖示都很好懂！

28 繼續下一步。

29 這邊會問有沒有需要預訂住宿、車子，有時不會出現，若有出現可直接跳過，繼續下一步。

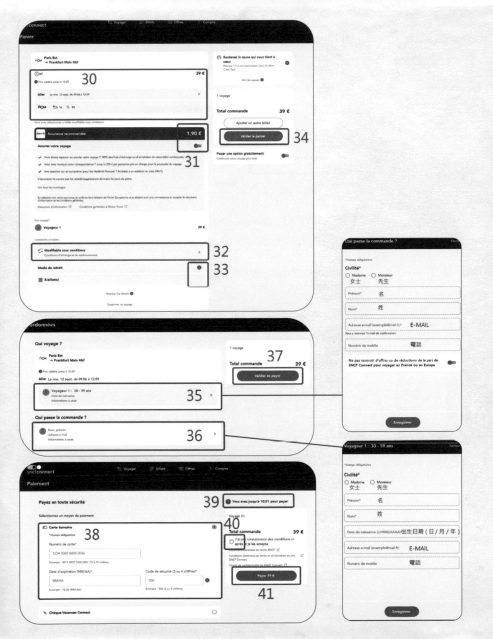

30 再次確認資訊有無錯誤。

31 這是為旅程加保險，我通常不加。

32 這裡可看此張車票退、換票規定。

33 這裡會說明到時乘車時，可用哪些方式驗證車票，通常列印出來、APP 都可，我會建議準備一種以上的方式比較保險。

34 確認價格沒問題後，繼續下一步。

35 填入乘客資料

36 填入訂購人資料，這邊 e-mail 特別重要，寄送車票用，千萬不要填錯。

37 填好後就繼續下一步。

38 填入信用卡資料。

39 這裡有「時間限定」，務必在規定的時間之前完成付款。

40 這邊打勾，代表已閱讀相關規定

41 最後一次確認資料，尤其是費用，無誤就可按下付款，完成預定啦！別忘了收信、列印車票。

那我們這趟高鐵因為早鳥票又省了多少錢呢？查了一下，如果前一天出發購買是111歐，也就是說，111歐－39歐=72歐。簡簡單單又省下二千多塊。

法國巴士 BlaBlaCar Bus

如果沒有提早買早鳥票，而是臨時起意想出發前往阿姆斯特丹，就只能買貴森森的149歐高鐵車票嗎？其實還有其他選擇，那就是「搭巴士」！我們進入共乘平台blablacar，查詢「巴黎→阿姆斯特丹」路線，看看需要多少錢吧！

1 進入共乘平台 www.blablacar.com 首頁，會要你先選語言，因為我們打算從巴黎出發，所以先選法文。

2 輸入出發地、目的地，雖然我們選的是法文網頁，但輸入很方便，依照英文輸入即可，系統很靈活的會自動搜尋接近城市名稱。

3 選擇日期，這裡我先選明天出發。

4 搜尋，進入下一步。

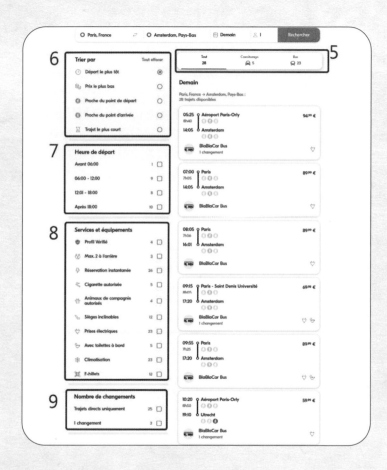

5 這裡可以看到，乘車方案共有 28 種，5 種是私人汽車共乘，23 種是巴士，可以選擇 28 種方案並列，也可以只單看共乘或是巴士的選項。

6 如果覺得選項太多，這裡可按時間順序、低價或是乘車、到達遠近選項等再做篩選。我個人喜歡依出發時間順序排列。

7 這邊可選擇出發時間，可幫助排除過早或過晚的出發時間。因我個人偏好在白天移動，所以會選 6~18 時的時間。

8 如果是想選汽車共乘的話，這邊選項有助於媒合篩選司機，例如：車上不可抽菸、是否可帶寵物等等，如果想搭的是巴士就可跳過。

9 這邊可選直達車或轉車。若擔心行李弄丟，建議可選直達車。

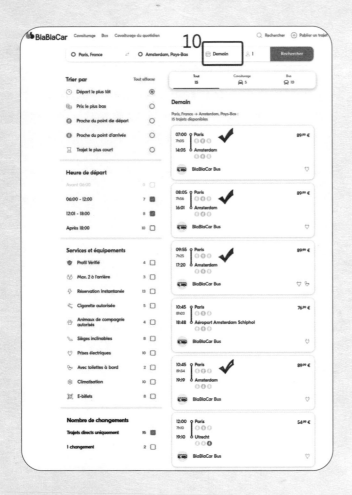

10 設定好選項後，可看到只剩 15 種乘車方案，但要仔細看出發和目的地，或許因為 blablacar 是以共乘拼車起家，所以搜尋結果會同時列出「鄰近選項」，例如我們看到沒被打勾的兩個選項，一個是到阿姆斯特丹的機場，一個是到烏特勒支，離阿姆斯特丹的市中心都有段距離，所以別看到價格比較便宜就選，一定要仔細看清楚細項！有打紅色勾的是較符合我想要的到「市中心」的選項，價格 89.99 歐雖然也頗貴，但至少比高鐵 149 歐便宜。但如果是提前四個月買票的話呢？我們將日期改為四個月後出發。

11 如果買「早鳥票」的話，票價從 89.99 歐降到 21.99 歐，等於打了 2.5 折！如果覺得價格 OK，選個中意的乘車時間後，我們進到下一步。

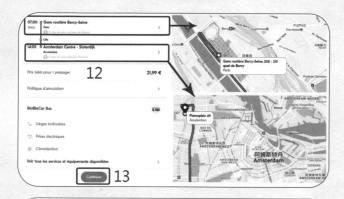

12　這個步驟很重要，就是一定要「看地圖」！「看地圖」！「看地圖」！點選出發站和到達站右邊的小箭頭，網頁會直接導向地圖，顯示出乘車站和到達站的巴士站位置，建議一定要用 google map 確認一下自己從住宿的地方，「前往」巴士站的交通時間和路線，尤其像這種早上 7 點的巴士，除非地鐵站出來就是巴士站，或是就住在附近，否則最好請房東幫忙預約計程車，帶你直接到達。到達的巴士站則要看到達時間，若已經超過 18 時，又離市中心太遠，或是沒有大眾交通工具可到達，考量安全性，可能就要適時放棄。另外需注意是否有「中轉時間」，是否需換車，都需仔細檢查。選「直達車」最保險安全！

13　如果確認交通都沒問題的話，可以繼續下一步。

14　這邊是問取票方式，輸入 e-mail 即可，手機可留可不留，留的話多一層保障，若巴士臨時有狀況會即時通知。

15　這裡是問願不願意收到相關優惠訊息，可勾可不勾。

16　繼續下一步。

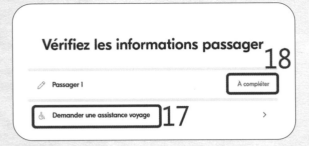

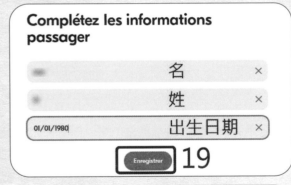

17 開始填乘客資料。如果是輪椅或是有特殊需求的旅客，可前往這裡填寫申請表，註明需要特別協助。

18 若無特殊協助需求，則前往這裡填寫。

19 填寫個人資料，注意姓名要和護照上的拼音一樣，出生日期為日／月／年。寫完後繼續下一步。

20 此時會看到名字已經被填上了，繼續下一步。

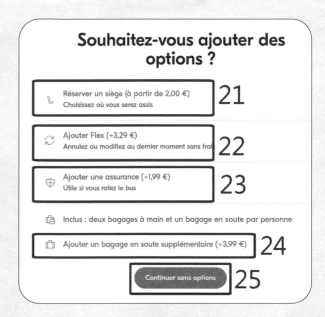

Souhaitez-vous ajouter des options ?

Réserver un siège (à partir de 2,00 €)
Choisissez où vous serez assis — **21**

Ajouter Flex (+3,29 €)
Annulez ou modifiez au dernier moment sans frais — **22**

Ajouter une assurance (+1,99 €)
Utile si vous ratez le bus — **23**

Inclus : deux bagages à main et un bagage en soute par personne

Ajouter un bagage en soute supplémentaire (+3,99 €) **24**

Continuer sans options **25**

Vérifiez vos informations de réservation

Ven. 15 mars 2024

10:45　Gare routière Bercy-Seine
Paris

18:48　Amsterdam Airport Schipol, Aankomstpassage 43
Aéroport Amsterdam Schiphol

BlaBlaCar Bus

Passager

eva lu

Récapitulatif du prix

Prix total
Pour 1 passager　　　　　　　21,99 €　>

Ajouter un bon d'achat **26**

Et si je devais annuler ? **27** >
Consulter les conditions d'annulation et de remboursement pour ce trajet.

Continuer **28**

---

21 這邊可以添加一些額外的付費項目，例如：選擇座位，依選擇座位的不同，需付費 2 到 4 歐手續費。

22 增加退票、改變彈性，讓最後一刻取消或改票無需付費。

23 買保險，可依個人需求做加購。

24 加行李，原票價中每人已包含一件托運行李和兩個手提包（規定可能隨時更動，請詳細閱讀），如果不夠，可再加購。

25 確認該買的都買了，或都不需要者，可以確定繼續下一步。

26 再次確認車次、時間、乘客姓名無誤後，如果有折扣碼可在此輸入，若無可直接忽略。

27 這裡很重要！很重要！再次確認此票的退、改機制！

28 沒問題後繼續下一步。

29 選擇信用卡。

30 確定價格無誤，繼續下一步。

31 依序填入卡號、有效日期、安全碼。確認資料無誤後，前往付款。最後別忘了收信，列印車票。

我們把以上搜集到的訊息比較一下：

喜歡「今天買票，明天出發」的「說走就走」族

> 價格：高鐵 149 歐 VS 巴士 89.99 歐
> 時間：高鐵 3.5 時 VS 巴士 7~8 時

選巴士省了59歐，等於高鐵票打六折，省了臺幣約2000元，不無小補，雖說巴士仍比高鐵早鳥票多花了55歐，約臺幣1800元，還要多花一倍的交通時間，但是，可以享受行程的自由與彈性也很好，或許這就是自由的代價吧。

喜歡「提早規劃，提早買票」的「早鳥票」族

> 價格：高鐵 35 歐 VS 巴士 21.99 歐
> 時間：高鐵 3.5 時 VS 巴士 7~8 時

選巴士可省13歐，約臺幣400元，若選高鐵，雖然看似多花了錢，但卻可省下一半交通時間，加上火車比巴士舒適、安全，就CP值和我個人的旅行體質來說，比較適合「高鐵早鳥票」！

義大利高鐵、國鐵

以前的義大利國鐵還分「舊版」和「新版」兩種網頁，而且同時在兩個網頁上，查詢同一天的同班列車，舊版網頁通常會出現比較低的價格，至於特惠票則是不按牌理出牌，以「不定時、不定量」方式出沒，例如我曾經查找某輛火車，過了三天後居然比我三天前查的便宜！有一次還遇上早上查有特惠價，下午又恢復原價，所以訂義大利火車票時，心臟緊張得都快跳出喉嚨了！

買義大利火車票，需知道的四件事

現在的義大利國鐵網站已經整合完畢，雖然準確性和穩定性都提升不少，但還是有幾點事項必須注意：

1 最好用「義大利文」買票

雖然網頁上有許多語言可選擇（我懷疑這功能是假的），但其實他國語言版本的網頁很不穩定，容易出現錯誤或者亂碼，若在買票或刷卡刷到一半時出現錯誤，真的是一件讓人緊張又抓狂的事。

2 千萬不要按「回到上一頁」

雖說現在義大利國鐵網站穩定許多，按「回到上一頁」有時也能正常使用（以前通常直接頁面當掉），不過可以的話，還是請大家儘量不要按「回到上一頁」，而是儘量使用頁面上的「Back」按鈕（如果有的話）！

3 訂購序號保命用

這個情況我沒遇過，但有不少人反應說，在輸入信用卡號按了購買鍵後，卻出現網頁錯誤，造成不知是否完成購票手續，因此建議在輸入信用卡的畫面時，上方有一組訂購序號，先將這個序號記下來，如果網頁發生問題時，不管是寫信或是線上查詢時都會比較方便。

4　要用義大利文輸入站名

義大利人就是這麼任性！管你是用什麼語言版本的網頁，在輸入出發地、目的地時，就是得使用義大利文拼音的城市名，不是「義大利文」網頁可是不認的喔（再次強烈懷疑語言選項功能是假的）！為了讓查詢更快速準確，所以我整理了義大利較常使用的幾個大城市名稱，以及該城市的「主火車站」，讓大家查詢時可以對照著使用。

城市中 / 英名稱	義大利文 & 城市主火車站名稱
威尼斯 **Venice**	威尼斯聖塔露西亞車站 Venezia Santa Lucia
佛羅倫斯 **Florence**	佛羅倫斯聖塔瑪麗亞諾米拉車站 Firenze Santa Maria Novella
米蘭 **Milan**	米蘭中央車站 Milano Centrale
羅馬 **Rome**	羅馬特米尼車站 Roma Termini

城市中 / 英名稱	義大利文 & 城市主火車站名稱
波隆納 **Bologna**	波隆納中央車站 Bologna Centrale
比薩 **Pisa**	比薩中央車站 Pisa Centrale 比薩斜塔車站 Pisa S. Rossore
維洛納 **Verona**	維洛納車站 Verona Porta Nuova

準備好後，我們就準備進入義大利國鐵網買票嘍，假設現在要買「威尼斯→佛羅倫斯」的車票。

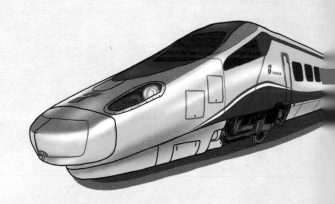

義大利國鐵 Trenitalia

1. 進入義大利國鐵 www.trenitalia.com，右上角可選擇語言。

2. 輸入出發地、目的地，以及日期、預計出發時間、人數。

3. 選擇單程。如要往返票可打開選項，日期欄就可設定回程日期。

4. 選擇乘客類別。

5. 前往搜尋。

6. 這裡可選擇顯示車程。第一個是全顯示，第二個是只顯示高鐵，第三個是顯示城際列車，第四個是地區列車。

7. 可以看到臨時出發買票，高鐵的價格都很貴，57 歐和 71 歐。如果要更改搜尋條件，不用回上一頁，這邊可以直接做設定，重新搜索。

8. 我們把時間改為三個月後的日期。

9. 按確定。

10. 按搜尋。

11 如何分辨高鐵和一般地區性火車？除了透過轉乘次數判斷之外，我們可以看到，在出發時間上方有紅綠白三色，這代表義大利高鐵紅箭、銀箭、白箭，而下方有寫著 RV、R、Intercity 等英文字，代表各種火車級別，甚至還有公車符號的，每多一條斜槓代表就要多轉一次車。

12 這邊可以看到該班火車的細節，包括停的站名、時間，火車上有哪些設施，行駛時間等。

13 我們再看一下高鐵價格細項，點進去。

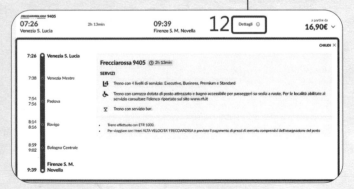

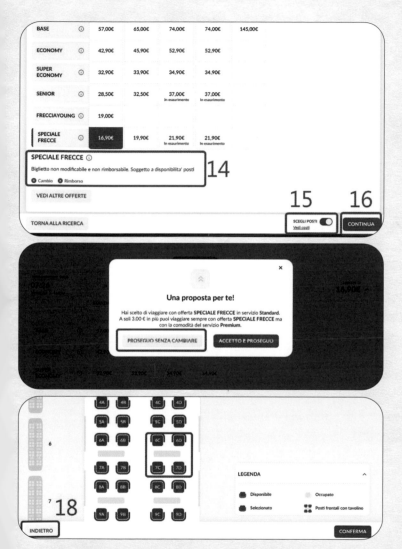

14 這裡看到各種不同的改退票方案、車廂等級，就會對應不同的票價，而最便宜的 16.9 歐車票的改退票方案就會顯示在這裡。

15 如果要選座位可先把這個選項打開再按下一步。

16 繼續下一步。

17 這裡會問說再多付幾歐，就能有更好的服務，我們選左邊不做任何改變，繼續下一步。

18 這邊看到中間有一個灰色色塊的座位，代表是四人面對面，中間有桌子的座位，如果團體出遊的話，不失為一個好選擇。但選座位要多加 2 歐，當然也可以不選，讓電腦自動免費劃位。如果這時反悔了，不想選位了，可按 INDIETRO 回到上一步。

19 回到票價頁面，把選位關掉，確認還是 16.9 歐最低票價沒錯後，就可按下一步。

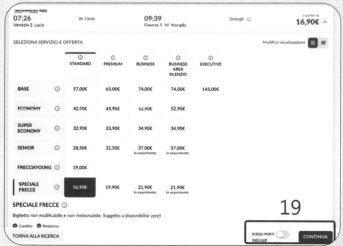

20　再次確認價格。

21　如果有加入會員的人可以在此登入，但建議是一開始就登入更佳。沒有申請會員的話也可以用訪客身份繼續買票。

22　這裡填的是買票人的資料，注意姓名要填和護照上一樣。另外，如果買票人就是乘客本人的話，把右下角選項打開，會自動填入下方資料欄位。

23　這裡是乘客資料，如果你是幫別人買票的話，這裡就要填搭車人的資料。

24　這裡可以加購其他票券，不需要的話直接跳過即可。

25　選擇付費方式，一般我用信用卡付費，但現在也有很多元的支付方式。

26　需要發票的話把選項打開，不需要可跳過。

27　這裡打勾，代表同意所有規定。

28　請留意，此頁面有時間倒數機制，時間超過了就要重來，但不用緊張，只要熟練，時間綽綽有餘。

29　確認資料無誤就可下一步。

30 因為我們買的是單程票，所以這裡會向你確認說是否有要購買回程，我們就選左邊不需要，繼續下一步。

31 請注意，這裡很重要！除了「最後一次」確認付款金額之外，有一組 Ordine 碼，請先複製儲存。因為義鐵網時不時會出現一些錯誤、故障什麼的，不是很穩定，付款完後若網頁沒有正常跳轉，而你又不知道到底有沒有付款購票成功，可以寫信給客服詢問，此時這組序號就很重要，能幫你加速了解到底購票是否成功。

32 依序填入名字、信用卡資料。

33 確認一切無誤後，按下確認下一步付款就完成了！

高級班

德國國鐵 & 密技

　　林果心中認為最好用的買票網站就是它：德國國鐵。

　　為什麼說它好用呢？因為它除了網頁設計得相當人性化之外，車班的各種資訊、地圖、轉乘車站、時間都詳列在上面了，讓看不懂英文的人也可以很安心的搭乘火車，而且網站系統很穩定，不常有錯誤的情形發生。跟著我一步步的教學畫面，你就會發現，學會了德鐵網站的使用方法，在歐洲搭火車旅行真的一點都不難！以下我們以查詢「慕尼黑→威尼斯」為例！

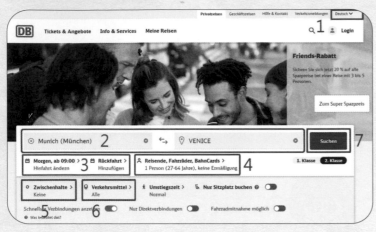

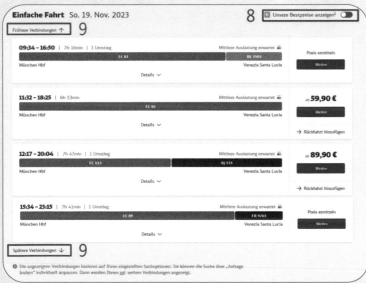

1 首先進入德鐵購票頁面 www.bahn.de 首頁，右上角可選語言，雖然德鐵網很穩定，但我不想有出錯的可能，另外其實德語不難理解，可以直接使用德文頁面購票。

2 輸入出發地和目的地，德鐵網很靈活，就算網頁使用德文版，但輸入仍能輸英文，例如德文慕尼黑的 u 上面有兩點，但直接輸入 munchen 或 munich 都可以找到，威尼斯也是，輸入英文拼法還是德文拼法皆可，輸入 VENICE 即可。

3 輸入日期，和預計搭乘的時間（Ab），An 則是到達時間。這裡我先將日期設為找「明天」的火車票，看票多少錢。如果買來回票才需要提供回程日期時間，單程票可直接忽略。

4 輸入人數和年紀，一般長者和兒童、青少年會有折扣。

5 這裡有個「中途停靠站」選項，很重要，後面再介紹。

6 選擇車種，第一個是全部顯示，也可以只顯示地區火車（慢車）或快車，我先設為全部。

7 確認搜尋。

8 這個勾勾很重要！很重要！很重要！記得打勾。會為我們顯示當天日期中最便宜的價格。

9 如果覺得車次不夠多，可以按上面的「Fruhere」或下面的「spatere」繼續往前往後時間顯示車次。

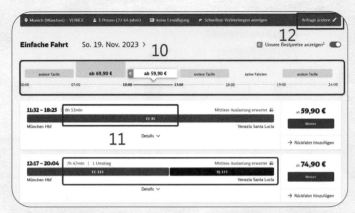

10 打了勾之後，可看到當天只剩 69.9 和 59.9 歐的車票和時間。不過這個價格還是很貴。

11 這邊可以看到乘車時間和轉乘次數，59.9 歐的 EC85 車次是將近 7 小時的直達車，而 74.9 歐則需轉車一次。

12 因為價格不漂亮，所以我們按這裡去更改搜尋的設定。

13 我把時間改為四個月後的日期，其它條件不變，按下搜尋後，出現了夢幻價格 19.9 歐的車票！但是時間很早，而且要轉乘兩次，而十點的車次雖然比較貴一點，但有直達車，一般如果帶著大行李，我可能會選擇直達車，但這裡有個例外讓我選擇轉兩次的車班，詳細原因我們後面說明。

14 按這裡可看車次的詳細資訊。

15 轉兩次車，一次在 salzburg，一次在 Villach 轉車，salzburg 就是莫札特的故鄉，這兩個地名我們先記起來，等一下有妙用。（以前的德鐵網還能直接在這裡看到路線地圖，但現在此功能取消了，真是可惜了）

16 繼續下一步。

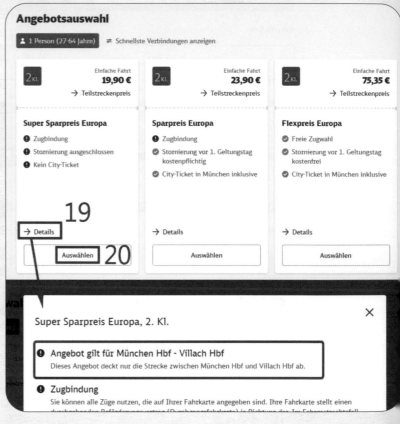

17 這裡要輸入確切的年齡。繼續下一步。

18 再按一次，繼續下一步。

19 同一班車因不同票種規則，價格不同，而 19.9 歐的超級特惠票通常是不可改退。也可以選比較彈性的方案，但就要付出一些金錢的代價。按細節看此特惠票的規定，第一條有個小細節，說此車票含蓋慕尼黑到 Villach 的優惠，什麼意思呢？我們後面說明。

20 確定這張票後，按確認進入下一步。

Zusatzoptionen

☐ **Sitzplatzreservierung** 1 Platz 4,90 €　　　**21**

☐ **1. Klasse Upgrade** 10,00 €　　　**22**
　　✓ Mehr Platz und Komfort　✓ Service am Platz (im ICE)　→ Details

☐ **Probe BahnCard 25, 2. Klasse** 17,90 €　　　**23**
　　✓ 25% Rabatt auf Spar- und Flexpreise　✓ Bei diesem Ticket 2,25 € sparen　→ Details

Ticketpreis　　　19,90 €

Gesamtpreis　　**19,90 €**
inkl. MwSt.

← Zurück　　　**24** | Weiter

---

21 如果要選座位，需另付 4.9 歐。

22 加 10 歐就可升到一等艙，有興趣的人可加。

23 這裡問是否買 bahnCard，通常會有折扣。

24 以上確認加購或都忽略後，確認價格無誤後，繼續下一步。

Wie möchten Sie fortfahren?

○ **Anmelden**

○ **Registrieren**
　Sie haben noch kein Kundenkonto? Registrieren Sie sich jetzt, um schneller buchen zu können.
　　✓ Schneller buchen　✓ Tickets einfach stornieren　✓ Gutscheine einlösen

◉ **Als Gast (ohne Anmeldung)**
　　ⓘ Die Zahlung per Lastschrift und das Einlösen von Gutscheinen ist nicht möglich.

25

Gesamtpreis　　**19,90 €**
inkl. MwSt.

← Zurück　　　**26** | Weiter

---

25 有 DB 會員的人這裡可以登入，但我建議如果有會員的話，最好一開始就登入再開始購票，雖然 DB 網站很穩，很少出錯，但還是以防萬一。不想加會員的，可以訪客身份繼續購票。

26 繼續下一步。

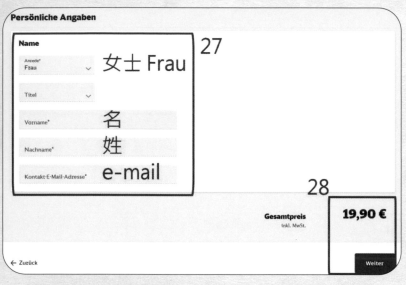

Persönliche Angaben

Name

Anrede*
Frau → 女士 Frau

Titel

Vorname* 名

Nachname* 姓

Kontakt-E-Mail-Adresse* e-mail

27

28

Gesamtpreis
inkl. MwSt.
19,90 €

← Zurück　Weiter

27 填上資料，姓名拼音要跟護照一樣，e-mail 很重要千萬
不能填錯。

28 繼續下一步。

Wie möchten Sie zahlen?

○ ⓟ **PayPal**

○ 🏦 **SEPA-Lastschrift**

　　🛈 Die Zahlung per Lastschrift ist beim Buchen ohne Login nicht möglich.

◉ 💳 **Kreditkarte**

Kartennummer
💳 卡號

Karteninhaber* 名字

Gültig bis Monat 月 ∨　Gültig bis Jahr 年 ∨

CVC (Prüfnummer) 安全碼

Die sichere Zahlungsabwicklung erfolgt direkt beim
Zahlungsdienstleister.
❯ Hinweise zur Zahlungsabwicklung

29

Weitere Optionen

☐ **BahnBonus Punkte sammeln**

Gesamtpreis
inkl. MwSt.
19,90 €

← Zurück

30　Weiter

29 選擇付款方式，選信用卡，依次填入資料。

30 最後一次確認價格，都正確的話就可以確認付款了！別
忘了到信箱將電子車票印出來。

從慕尼黑到威尼斯，原價59.9至89.9歐的車票，買早鳥票只要19.9歐，從台幣二、三千變七百元，實在有夠便宜！

DB 密技
同一張票，多玩二個城市！

你以為火車旅行省錢就只有「提前三個月買票」這招了嗎？

錯！提前三個月買票可謂「節流法」，但德鐵DB之所以被我如此推薦的真正原因，是接下來要為大家揭密的「開源法」！火車票的「開源」當然不是為我們賺錢，而是為我們賺「旅遊地點」！

還記得剛剛從慕尼黑到威尼斯的火車票裡，我請大家先記得需在薩爾斯堡salzburg和菲拉赫Villach轉車的事嗎？這裡要教大家「如何用同一張票、同樣的價格，可以多去兩個城市」的超級密技！

1　還記得前面請大家先記得的「中途停靠站」選項，以及在票價規定中很奇怪的一句「此車票含蓋慕尼黑到Villach 的優惠」，現在我們就要使用德鐵很貼心＋佛心的設計：在中轉站可停留兩天去玩。先去更改車票設定。

2　選擇「Zwischenhalte」增加「停靠站」。

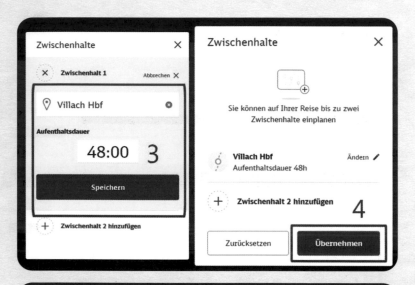

3 最多可以停靠兩站，但在票價規則中說了，只涵蓋「到 Villach 的優惠」，所以我們增中途停留一站 Villach，一站最多可停 48 小時。

4 輸入完畢後，繼續下一步。

5 看到中轉站變成一站了，確認繼續下一步。

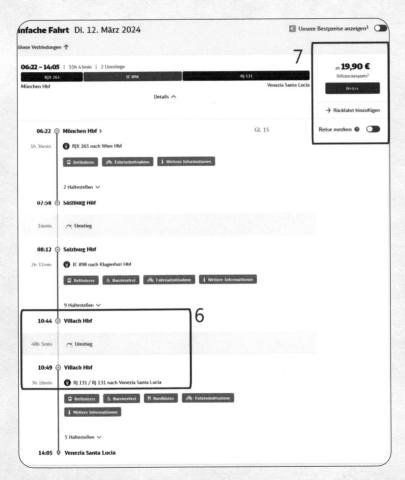

6 看到從 Villach 火車站轉乘的時間，從原本的 5 分鐘，變成 48 小時又 5 分鐘，而價格仍是 19.9 歐，這樣就代表成功了！

7 接下來買票步驟完全一樣。

德國巴士 Flixbus・歐洲全境跨域

原本歐洲巴士的龍頭Eurolines，在幾年前被德國Flixbus合併，因此現在Flixbus一躍成為歐洲最大巴士品牌。不過相較起來，我個人還是比較喜歡以前的Eurolines，因為它會在首頁一次呈現所有特價路線（超級佛心），對規劃行程時的幫助很大，可以把特價路線一次性設計到旅行路線中，但這麼棒的機制Flixbus卻沒有（難道Eurolines就是因為太佛心所以才倒了？）。

雖然Flixbus網站標榜可以買到1歐、5歐車票，但其實有點「看得到但買不到」的感覺，因為這種路線很少，又不直接列出告知是哪些路線，變成只能碰運氣一個一個城市搜尋，但城市這麼多，如何搜尋得完？

所以我建議比較好的心態是，不要被1歐、5歐迷惑了，把Flixbus當作比價的交通工具之一即可，這樣若真的幸運搜到便宜車票，反而會更快樂唷！

雖然Flixbus沒比Eurolines好用，但它現在是站點最多、路線最廣、橫跨全歐洲的巴士品牌，因此仍是我們規劃歐洲旅行時的好幫手之一，雖然不一定能買到1歐車票，但只要能搜到比火車、高鐵便宜的車票，也算不無小補。這邊購票教學我假設以「慕尼黑前往威尼斯」做搜尋。

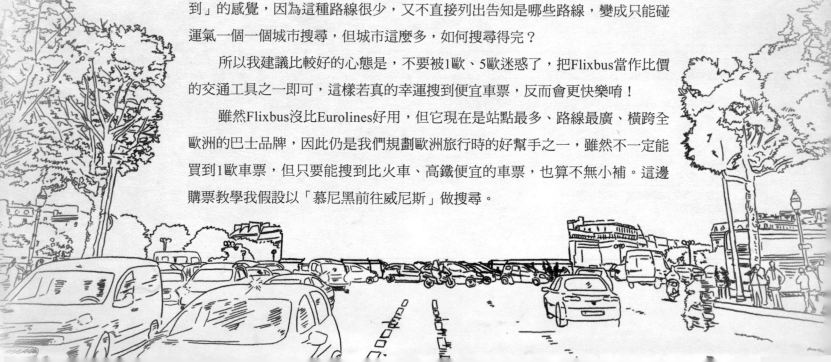

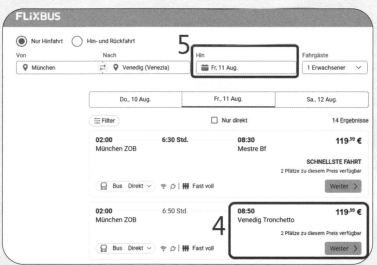

1 進入巴士網頁 www.flixbus.com，右上角可選擇語言，但這邊比較不好的設計是會依據選擇的語言，連動式設定幣別和你所在的國家，所以為了能以歐元呈現價格，只能選擇使用歐元的國家。另外，雖然有中文選項，但不建議選擇，因為頁面上顯示除了會加收手續費，而且翻譯有許多錯誤、亂碼，搞到最後反而更看不懂。我建議選德文，因為從慕尼黑出發，而且經過德鐵的訓練，已經很熟悉德文單字。

2 選擇單程票。

3 依序填入出發地、目的地、日期、人數，這邊我先設定查找明日的票，按下搜尋進入下一步。

4 請留意，這裡有兩個威尼斯車站，Venedig Tronchetto 才是我們要去的「威尼斯本島」的車站（後面會說如何判斷），這邊看到票價高達 120 歐。

5 改換兩個月後的日期來查找票價。

www.flixbus.com

6 可以看到票價降了不少，價格、搭乘時間居然都和火車差不多，好處是這裡看到巴士是直達車（Direkt），不用轉車，減少搬行李的麻煩和壓力。點進巴士圖示看此班車的細節。

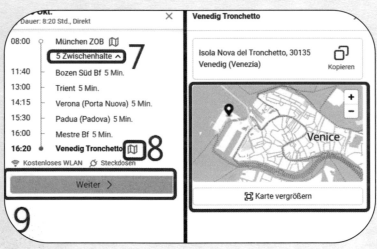

7 首先會看到在慕尼黑和威尼斯中間有個「5 Zwischenhalte」選項，點出選單，雖然此班車是直達車，但中途會停靠五次休息站，這裡有站名和預計休息的時間，因此雖然是直達車，但停靠休息時還是得留意行李，以及回車上的時間。

8 在威尼斯站旁有個地圖的小圖示，點開，會看到右方的地圖，這裡會呈現巴士車站的位置，可以看到巴士和鐵路一樣過了橋到威尼斯本島上，這是我們去威尼斯的正確車站；如果是另一個車站，就必須要再搭火車或巴士轉車到威尼斯島上，比較麻煩。同樣的，慕尼黑的巴士站位置也可以點開地圖確認位置。

9 確認要搭這班車後，就可以按 weiter 繼續下一步。

10 請留意，進入填資料的頁面時，開始會有十分鐘倒數機制，超過時間就會要重來一遍。其實十分鐘用來填資料綽綽有餘，所以不必緊張，我們一樣先確認最重要的搭車日期、時間和起迄站。

11 填入姓名，拼音要和護照一樣，車上驗票會檢查。

12 自選座位需要加費用，不同的座位有不同的價格，也可不選。

13 行李規定，依每輛巴士狀況不同，有時能加購行李，有的不能。

14 贊助減碳抵銷費，可以不勾。

15 填入 e-mail 和手機，一定要檢查三次，不能填錯，很重要！

16 選擇信用卡付費。

17 依序填入卡號、有效日期、安全碼、持卡人名字。

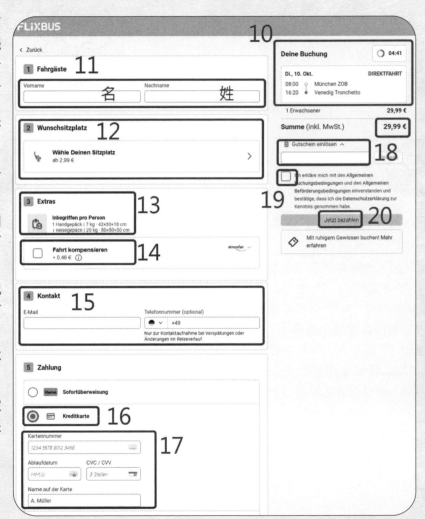

18 最後確認價格是否正確。如果有折扣碼，可以填在小票券圖樣的下方空格。

19 打勾，代表同意相關規範。

20 確認一切無誤後，就按下OK買票吧！大功告成！

　　德鐵早鳥票19歐和Flixbus巴士早鳥票29歐，乘車時間都是8小時左右，但搭火車的話，行李比較能隨身看顧，駕駛安全感覺也比較有保障，加上德鐵還能使用「密技」多去玩一到兩個城市，相較之下，即使價格相同，我個人會更傾向於搭火車。

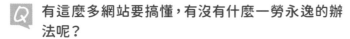

林果の發問時間 & 祕技總整理

Q 有這麼多網站要搞懂，有沒有什麼一勞永逸的辦法呢？

德國國鐵 DB 資訊多又好用，加上德國鄰國多，只要「出發地或目的地」其中之一位於德國境內，大部分都可在 DB 購買，這樣一來，就已涵蓋將近一半受旅行者歡迎的歐洲國家，所以其實歐洲火車並沒有想像中複雜！

另外，簡單易懂的法國國鐵，可以補強沒有與德國相鄰的義大利、英國、西班牙，加上跨域全歐的歐洲巴士，只要能將此三個網站運用自如，應可涵蓋大部分的旅程！

🔒 德鐵 DB 雖是德國網站，但其實可查全歐火車班次、時刻表（不一定可直接購買，但是可以查詢），是相當好用的鐵路網，甚至有時我都是先在 DB 查好火車資訊，才去該國網站購買。

🔒 善用當地房東與沙發主人，協助解決危機！無法 e-mail 只能郵寄或現場取紙本票券時，請房東或接待你的沙發主人代收，或許可以為你解除危機喔！

🔒 一定要先「上網預習」如何買車票！因為購票時的步驟和要注意的細節很多，練熟了才不會手忙腳亂，只要不輸入信用卡內容、不按下付款按鈕，就不會完成購票手續，所以可以放心大膽地練習。

🔒 只要搞懂一個網站，其他網站的買票流程其實大同小異。如果旅途站點包含德國，建議可先從德鐵和巴士學習，熟悉後其他網站要上手就很容易。

旅行不一定要很多錢，
但一定要有很多目標！

曾經有一位年輕人想旅行，但是沒有錢，於是決定去打拳擊賺錢，因為沒有錢所以不能坐飛機，只能搭船、搭火車，不停轉乘接駁，結果反而到達更多地方，看了更多建築。還有一位年輕人，他的老師告訴他「旅行不用錢」，然後帶著他到高速公路口，往身上掛個牌子，寫著想去的城市，有人願意載就搭便車，他因此走遍義大利，甚至後來膽子更大，在牌子寫上any where。第一個年輕人是安藤忠雄，第二個年輕人是蔣勳；我相信，旅行是他們最好的老師。

可惜的是，當時我不知道有掛牌子這招，當然，

也沒有能力去打拳擊賺旅費，但我的窘境如出一轍：沒錢，好在這沒有阻擋出發的腳步，但我沒想到的是……金錢的匱乏，後來竟成了我最重要的資本。

當我設下90天15萬的歐旅目標後，便開始審視預算。當時我想的第一件事是：在什麼都不做的情況下，想生存下去的每日花費是多少？

我簡單粗估，一晚青旅床位20歐，一日三餐25歐，一天至少就要45歐，再乘以90天等於4050歐，而15萬臺幣當時約可換得4000歐元，還沒加上機票、火車票、捷運、門票，預算已超支，從現實情況來看，90天15萬根本就是一個異想天開的旅行預算。

可我偏偏喜歡異想天開。因為異想天開才能充滿無限可能。

當時所有人都跟我說「不可能」時我反問：「那要多少錢才可能？」卻沒有人能回答得出來。

人生就像一張空白考卷，大多時候都是外界給我們出考題，遇到的大多是不知道答案的事，你可以去抄別人的答案，也可以選擇自己找答案。但這次我選

擇自己給自己出考題，自己找答案、打分數；這可以說是一場遊戲、一場實驗，更是一種活著的樂趣。

自己找答案當然很辛苦，但現在我能很篤定地說：90天15萬是可能的事，雖然看起來很異想天開，但絕對不要被自己「想像中的困難」嚇住了，與其如此，不如把想像力發揮在「如何達成目標」上，會更加有成就感喔。

於是我開始學著上各國網頁查便宜車票怎麼買、設計路線、安排行程，想方設法將每一塊錢，發揮出最大貢獻值。就這樣，從無到有，慢慢一點一滴，用全然心力的投入和時間，換取能力和經驗。

將近半年，我就像一位「全職」旅行者，比上班還忙碌，還每天加班到晚上十二點，我笑說自己好像不是去旅行，而是唸旅行研究所，趕著交畢業論文。做旅行功課的時候，心情起伏很大，一下子因為找到物超所值的車票、住宿而興奮，下一刻又因發現不超值、買不到而沮喪。

累嗎？身體很累，但心裡卻無比快樂。當你完全投入，做自己心裡真正想做的事，那根本不是企業商場上的KPI、勞累指數可以判斷的標準。因為有些事看起來很傻，但卻能讓「心」很快樂！

安藤忠雄和蔣勳不是特例，自己親身走過一遭後，我相信這樣的事真的存在：旅行真的不一定需要很多錢，但一定要有很多很多目標；因為不同的目標，會帶你看到不同的風景，雖然風景和想像的可能不太一樣，但只有靠自己的力量，到達只有自己才能到達的目的地後，才能學會最重要的事：相信自己！

給自己出一道難題，然後出發吧。

為了回來後，一個豐富且美麗的答案。

話說這次歐洲之旅，全程十幾次的
交通，全都是在網路上先預訂好，
優點是便宜又方便，缺點是每次要
搭車時都很怕趕不上車！

果媽：明天是幾點的車？

我：早上 10:56 的火車！

果媽：那 10 點到火車站，9 點出門，
8 點起床吃早餐。

我：……要這麼早嗎？我們住宿的地方搭
tram 到車站最久不會超過 30 分鐘耶！

果媽：妳怎麼知道 tram 要等多久
才會來？

果媽：對呀，早上車會比較少，說不定
會等很久喔…

我：好吧，那就 8 點起床吧！

原來，預定要轉車的車站封站維修，所以過站不停，必須延後下車，到別的車站轉車，好險有這位外國女生熱心的主動詢問我們，不然我們真的會不知道坐到哪裡去！

原本應搭
11:21 的車

她還好心的幫我們確認
正確的搭車時間與月台，
寫在紙上給我們！
真的好感謝她！
不過外國人寫的數字真
的和我們有點不同咧！

一番折騰下來才發現，後來我們轉搭的車，就是我們原本要搭的那班車！

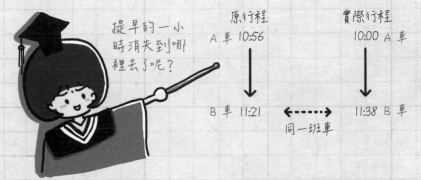

提早的一小
時消失到哪
裡去了呢？

原行程	實際行程
A 車 10:56	10:00 A 車
↓	↓
B 車 11:21 ←----→ 同一班車	11:38 B 車

也就是說，因為多了一小時的緩衝時間，才能在人生地不熟、忙亂的臨時狀況發生當下，順利搭上原班火車，這都要感謝果媽這個緊張大師！

女兒心得：想要準點趕
上火車，請帶老媽隨行！

果媽：某啦，阿丟卡早出門耶丟
好了呀！

CHAPTER

6

訂住宿

這一章，要做的事情有⋯⋯

· 快樂比價

· 用一封英文信，打遍天下

· 準備好信用卡，然後勇敢的刷刷刷！

不同於查找「交通」，每次當我開始尋找各地住宿時，總是非常興奮又快樂，看著一間間各具特色的房子，彷彿有種逛百貨公司的感覺！而且當行前準備進行到「訂住宿」這關，通常代表行程大致底定，離出發就差最後一步啦！

以我的經驗，歐洲旅行最大花費其實不是交通，而是「住宿」！在歐洲青年旅館，最便宜的八人、十人宿舍中的一張床位，一晚從20至40歐起跳，真是可怕的房費！

住宿是我認為最難省的費用！

如果你是「喜歡社交」的體質，那麼恭喜你，青年旅館或與外國房東同住是你適合的選項，又能減少房租，又能增加與外國人的交流機會。但若你像我一樣，比較偏好回到家後好好放鬆，不想社交，加上帶著長輩出門，睡眠品質更是重要，那麼綜合以上考量，我現在反而會建議大家，在住宿上可提高一點預算，住得舒適些，睡得好，有好精神，才有好的遊玩品質。

要評價好，又要便宜，非常困難，但也不是沒有。只是需要多花點時間比較，以及衡量自己最在意的條件，評估自己能接受的最後底線。金錢與品質的天秤，真是考驗著每一位自助旅行者啊！

找住宿需注意的十件事

1 交通與生活機能

　　拜google map大神所賜，想知道住宿地點的「交通方便性」如何，上google map一查就能馬上知道！我建議除了留意「到達」和「離開」時的轉乘次數、順暢性（這時候拖著行李，會是移動最困難的時刻），也可以看看到各大景點的方便性，能為每日行程省下不少交通時間。

　　另外，如果不想在歐洲吃餐廳吃到破產，上超市採買絕對是讓你吃飽又吃好的最佳策略。不過各國盛行的連鎖超市不太相同，例如：荷蘭人愛Albert、JUMBO，德國人愛NETTO，奧地利喜歡BILLA、SPAR，巴黎人愛Monoprix，如果住宿處旁有一家超市，絕對是控制飲食預算的神隊友。

2 有沒有電梯？

　　許多歐洲公寓、青年旅館可能沒有電梯（愈老舊、古老的建築沒有電梯的可能性愈大），因此帶著大行李的人，最好訂房前要向房東「親自確認」有沒有電梯，在住宿前一天，最好再次寫信提醒房東，必須使用電梯。我就發生過明明訂房前確認有電梯，到了現場房東卻要我搬行李上樓，搞了半天，原來公寓的電梯有管制，必須拿鑰匙打開才能使用，而烏龍房東根本忘了這件事。

　　另外，在歐洲有許多房源，若是位在老公寓的三樓以上（沒有電梯），通常房價也會比較便宜，所以輕裝便行，不只可省機票錢，有時還能幫忙省到住宿費喔！

3 有沒有廚房？

在歐洲想要有效控制飲食預算，選擇一個有廚房、可煮飯的房子，是我認為在「明智選擇榜」上的前三名！

我的經驗是，大多數有廚房的房源，都會附上基本煮食的鍋具、餐具，甚至可能還有基本調味料（有可能是前房客用不完留下的），豪奢程度就看每個房東的良心。我遇過像威尼斯房東的全套豪華設備（連蕾絲餐巾紙都有），也遇過米蘭、佛羅倫斯的恐怖廚房（鍋子黑到變形，點火器沒瓦斯居然還叫我自己去買），如果不確定的話，訂房前可請房東詳細說明，或是提供照片會更準確。

爐火的部分，我的經驗是，歐洲人大多使用電爐、電磁爐較多，但義大利人好像比較喜歡明火，跟臺灣瓦斯爐比較像。除此之外，電熱水壺是基本配備，所以不用帶電熱水壺旅行。另外，歐洲人沒有大同電鍋，比較常用的是微波爐，所以超市有許多微波食品。

4 測試、測試、測試

不管你是住飯店、青旅、民宿，如果看到網站照片都是很局部的視角，拍一些美美小物單品，或是放一堆戶外風景照、國外旅客大合照，但整個房間整體空間、廁所衛浴、公共空間等，卻永遠看不清楚的話，那就要提高警覺了。畢竟住宿最重要的還是基本設施，那些小花瓶小相框的美美擺設，不過是錦上添花。

另外，若在Airbnb上訂房，從「房東個人照」也能見些端倪。我偏好放上正面、清晰、能看清臉孔的房東，這樣至少能知道對方是男是女，看起來是土匪樣還是文青款，雖說不是百分百準確（我也有踩到地雷過），但至少可以減少踩到地雷的機率。

我最怕看到的就是放寵物、小孩、背影、剪影等照片，小心不要被動物和小孩「無害」的刻板印象影響，這種房東我也會提高警覺，

另外，最好的測試方法就是「留言」！從對方的回覆時間，判斷對方是否有在「積極經營」房源，是

最直接有效的方式。我的標準是，如果回覆時間超過一天以上，回答又答非所問，回答不完全，我可能就會先將之放入「後段班」名單中，儘量備而不用。

5 看清訂房網站的費用細項、退房規則

在網站訂房，一定要仔細張大眼睛看清楚每個房源的訂房規則，尤其是「取消預訂」的設定，若你的行程還不太確定但又想先訂房，就要留意不要訂到「不可取消」的房源。像在booking.com上面都會寫得很詳細，而且有很多彈性很大的房源，可多加利用查詢。

想知道看到的房價，是否為最終價格，最好的辦法，就是直接在網頁上按一按，先熟悉規則。例如：Airbnb，其實看到的房價並非最終價格，有的房源需加收清潔費，還有Airbnb的手續費（頗貴），有的房源是入住滿一週有特別優惠（歐洲人喜歡這招），有的房源是在限定人數內不加錢，或是多一人多幾歐等等，每個房東的設定都不一樣，所以有興趣的房源，只能一家一家去試按看看才知道嘍。

6 櫃台是否 24 小時有人接待

歐洲旅行時，有可能因為長距離的移動，到達當地的時間過早或過晚，有的旅館或青旅並非24小時有人服務，因此最好先和對方確認，並告知大約到達時間，免得訂了房卻住不了。當然，最保險的就是直接找櫃檯24小時有人服務的房源。

7 如何入住和退房

若是在Airbnb預訂私人民宿，除了告知房東大約到達時間，最好還要先確認如何入住和退房。尤其是入住方式，「房東是否會到現場面交鑰匙」是關鍵問題，若是面交，最好能留下對方的聯絡方式（電話、Line之類的），不要只依賴Airbnb的網頁留言，免得遇到天兵房東，當天給你搞失聯失蹤。反之，如果是自己的火車、巴士誤點，也能即時告知房東，免得對方無止盡地等待。

如果房東是「不會到現場面交鑰匙的」就要提高警覺了！一定要請對方把入住方式「非常詳細說明」，最好是用「拍照」方式，加上文字輔助，一步一

步請對方把每個環節交代清楚。

我就遇到過跟我說鑰匙放在門口腳踏墊下的，但是對方地址訊息寫得有缺漏，沒寫是社區的哪一棟樓，結果我們到現場只能一棟棟爬上樓去確認（而且沒有電梯）。還有跟我說鑰匙放在信箱裡，但信箱上的名字是什麼對方沒說（信箱上貼的不是房東的名字，也沒有房子的樓層號碼），結果我們只能一個一個去摸，在上百個信箱中，像尋寶任務一樣，自立自強把鑰匙找出來。

總而言之，對在地人而言習以為常的事，對旅客來說卻是完全陌生，若想提高入住流暢度，一定要事先確認好所有細節。

8 緊急客服電話是幾號

若使用Airbnb訂房，臨時有意外狀況發生，造成無法入住（例如房東丟包你，或是現場與照片落差太大），最好第一時間向客服反應（全球免付費電話0800-868-313，可指定轉接中文客服人員。或打400-022-1666〔全球免付費〕，有較大機率是中文客服人

員）。除了反應現場問題，還可以要求第三方付款機制停止付款給房東，據說現在還能請客服協助緊急安排其他房源。

我自己還會做的是，在不同網站上，多找幾家住宿口袋名單，以備不時之需。

9 不要陷入盲點

找不到理想中的「完美住宿」讓你感到焦慮嗎？那請你先停下來思考一下，自己是不是陷入「完美盲點」中了？

又要零負評，又要便宜，又要地點、機能、安全樣樣好，是不是有點困難呢？畢竟房子和人一樣，一種米養百樣人（這句成語是這樣用的嗎？），每個人的需求不同、在意的點不同，我們只是「找房」不是「找伴侶」，不需要十全十美。

如果找來找去，都找不到合意的住宿，這時不如「放寬一點標準」。例如：「提高一點住宿預算」，或許會出現讓你覺得「性價比」更高的房源，或者尋找「八成以上都是好評價」的房源就會比較容易。

而這另外「二成負評」不是視而不見，而是必須仔細篩選判斷，如果不是我們的在意選項，可以選擇忽略。例如：我是冬天去歐洲，如果負評寫的是「空調不夠冷」，那我就不必在意了，反之若是許多人不斷反應「熱水忽冷忽熱、暖氣不夠強」，不管它的評分多高，都會被我直接淘汰，因為在零度以下的冬天，若沒有穩定的熱水和暖氣，最後感冒看醫生付昂貴的醫藥費，那可就因小失大了。但如果是夏天旅行，可能就無需這麼在意這個缺點。

總之，別人的抱怨不一定是你在意的，反之，你在意的問題就一定得好好把關！尤其季節是一個很大的考量因素。關於評價這件事，我們還可以往下細說。

10　最重要的事：看懂評價

詳讀房源評價是基本必做功課之一，但有的網站會刻意將「好評價」設定往前顯示，而不是依照留言時間，所以閱讀時一定要多留心觀察。還有最重要的是：我們真「看懂」小夥伴們留下的暗號了嗎？

因為房源評價都是公開留言，因此即便是缺點，有時也會寫得很委婉。

我自己的親身經歷是，曾遇過評價裡寫這是一個「多種族區域」，有讀沒有懂的我，到了當地才發現，所謂的「多種族」比較像「移民住宅區」，黑人、中東人、伊斯蘭人……出入頗為複雜，當然治安給人感受也較差，因此每天出入都提心吊膽，當然也無法放鬆心情好好遊玩。

老實說，我也曾經事後回頭，去看我住過的「地雷住宿」其他房客留言，我發現評價真的只是一個「參考」，因為每個人對給星標準的「鬆緊度」落差很大。我認為的地雷，居然還有人給五星？不過經過這些「奇葩住宿」的鍛鍊之後，我也慢慢被訓練出比較敏銳的「嗅覺」，我現在對評價的判斷標準是：看留言字數、內容、關鍵句。

留言字數，寫很少字又給五星的，我會覺得是比較不負責任的評價，可略過。寫很多字且有「滿滿細節」的評價，參考度較高。最棒的「黃金級評價」，

就是有寫到「意外事件」發生時，房東的處理態度和速度，這種能直接看到房東應變能力的留言，非常珍貴，可信度較高。

不過說到「字少」，有個例外，我以前看到只寫一句「我以後會選擇再入住」的評價，總是讓我感到困惑，這到底在說什麼？現在我發現「此句勝萬句」，因為最高滿意度和讚美，就是告訴大家：我以後會選擇再入住。

糾結的心！

今晚，你想住哪裡呢？

想住當地人的家 | Airbnb

要想真正當個道地的「在地人」，不只要吃當地的食物，當然也要住當地的房子！歐洲旅行時，Airbnb是我主要使用的訂房網站，也是我愛用的訂房網站之一，除了價格較有優勢，附有廚房的公寓也是我的主要考量原因。

Airbnb當初主打理念，就是當地人將閒置的房子或房間出租，房東可以增加收入，旅客在飯店外有更多住宿選擇，有別於制式化旅館服務，雙方能有更多文化交流。看似美好的設定，在營運初期其實紛爭不少，因為許多素人房東不專業，像是要你自己找鑰匙、照片與現實不符，我都遇到過，不過隨著中文客服和全球免付費電話、wifi普及性，希望未來能提供給旅客更多的安全感。

網站上，從裝潢豪華的別墅，到克難的巴黎閣

樓，只要看得到都能租得到，因為房源多樣化，所以價格落差也大，可以滿足各種不同需求！不過在Airbnb訂房一定得留心評論，多和房東互動，如果對方回覆很慢，或是簡短草草了事，不管多便宜，建議還是另覓房源吧！

一旦預訂之後，可以選擇直接在網上用信用卡付掉全額房價，也可選擇先支付部分房費作為確認預訂，之後再付清餘款，這樣的好處是不用帶著大筆現金旅行，還可以讓信用卡快速累積點數，缺點是若入住時發生意外，必須在入住當日24小時內反應，請客服人員暫停付款！

Airbnb

優點

價格彈性大、易有廚房、有各種特色房源可體驗，若遇到好房東，可以有更多與當地人的交流

缺點

房東素質參差不齊、網站收取較高額的訂房手續費，需精算，看到的房價不是最終價格，一定要按到「付款」頁面才能看到總價

林果秒技

Airbnb不定時會推出「新用戶優惠」，透過個人專屬的邀請連結，請好友到Airbnb加入會員，並訂房成功，雙方都能獲得邀請回饋，且被邀請的朋友也能獲得優惠折扣。若是多人多站點旅行，便可藉由邀請方式，讓住宿享折扣優惠

想住青年旅館 Hostelworld.com、hihostels.com

都是查詢全世界青年旅館的網站，Hostelworld的使用介面滿直覺順暢的，搜尋出的青旅選項也較多；hihostels比較像是官網連結入口，不是每一家青旅都能直接在網站上訂房，老實說不太方便使用。兩個網站搜出來的青旅不太一樣，建議可交叉搜尋比對。

HOSTELWORLD
Hostelling International

不過我不建議在此網站訂房，可拿來和飯店比價就好。

面都有，兩者可以一次性比價，加上大部分的「取消訂房」政策彈性極大，所以行程較不確定時，我會喜歡在這訂房。

優點
愈早訂選擇愈多，房價也較有彈性。許多青旅有個人房和宿舍房的選擇，適合人數無法湊滿一間房的團體。網站有地圖瀏覽功能，方便查找，不過要仔細核對詳細資訊

缺點
網頁只有英文，部分訂房需先付小額押金，有的物件住宿需要有YHA青年旅館會員卡才能入住，非會員需要先線上購買會員，不是很方便

林果秒技
我習慣先在此查詢當地青旅名字，再上booking.com搜尋是否有登錄，如有的話在booking上訂房比較方便

優點
取消彈性大，所視價格即為最終房價，無論從網頁或app留言都能與房源快速取得聯繫

缺點
訂國外青旅住宿時，建議訂完房後，可先進行發問測試，確定對方有收到訂房單，我遇過「天共青旅店」忘記自己在booking有登錄，所以根本沒看到我的訂單

林果秒技
訂房前記得先加入會員，隨著常客等級不同，會在部分合作飯店享有不同折扣。初級會員9折，2年內住5次，升級為常客二級，享85~9折優惠，2年內住15次，升級為常客三級，享8~9折優惠，二級和三級會員還可在特定住宿享免費早餐或免費房型升級。不用搶、不用排，讓你每次訂房就是比列人便宜！

想將星級飯店、青旅一網打盡 Booking.com

booking.com是我個人愛用的訂房網之一，除了網頁有中文，網站有地圖瀏覽功能，方便查找之外，重點是，不管是星級飯店還是青年旅館上

想住星級飯店 HRS.com

HRS.com是以星級飯店為主的訂房網，介面有中文，使用起來算方便，但在上面訂房前，最好先用地圖看一下位置，有的飯店雖然便宜，但位置較偏遠。

優點　有中文，加入會員可享累積積分

缺點　房客評價偏少，較難下判斷

想住免費的 couchsurfing、bewelcome

俗話說：「天下沒有白吃的午餐。」，但是「天下真的有白住的房子」，而且還遍佈全球！

話說當年，全世界第一個媒合「免費住宿」的沙發衝浪網站couchsurfing，可謂「共享」觀念的先驅。將家中的沙發「免費」提供給旅人借睡一晚（沒錯，是「免費」喔），便可在家中和全世界的旅人交流。可惜的是couchsurfing終究抵擋不住2020年的疫情衝擊，目前不得不轉型為收取小額會員費，一年約500元，以便維持網站營運。但若還是想省錢的話，bewelcome.org將會是沙發衝浪愛好者的新選擇！

2007年已正式註冊為非營利組織的bewelcome，預計2023年會員數將衝破25萬人，該組織目前為免費狀態，不收取任何費用，但如果認同理念，也樂意接受捐款贊助。網站內容其實和couchsurfing大同小異，可以選擇接待沙發客，也可以選擇不接待「只和對方碰面喝咖啡聊天」，不失為一種和當地人增加交流的好機會。

不過，這樣的住宿安全嗎？這依據每個接待者而異，世界上好人壞人都有，我自己是衝浪成功，但也有聽過恐怖故事，例如主人「心懷不軌」暗示客人，他這麼好心提供房間，對方是不是應該回饋些「特別的服務」？

如果不幸遇到這種「假面房東」，請保持冷靜，假裝聽不懂對方暗示，並謊稱自己累了想要休息，把主人請出自己房間，把門鎖起來，找東西堵住房門，隔天儘早離開找別的住宿地點，不要硬碰硬，只求能全身而退！最重要的是，事後上網留下評價，揭發對方的真面目。

優點　可省下高額住宿費用，又能增加交流，體驗最當地的生活

缺點　要花較多時間篩選，除了安全性的考量，時間上的配合也是問題，建議可提早發信，或者多發幾個沙發主詢問，成功機率比較高

林果秘技　安全考量之下，我採取的策略是「只選女生」或「家庭式」的接待主人，也會看對方的接待評價，留言人數的數量，還有沙發主人的自述也很重要，例如在個人資訊上寫明「不能抽大麻、毒品」等的沙發主，也會讓我比較安心。若有入住成功，別忘了帶點小禮物，感謝對方的接待

想要一次性比價 Hotelscombined

如果懶得一間間查找比價，那麼大白熊Hotelscombined.com會是你的好幫手。在Hotelscombined上面查找飯店，同一間旅館可以一次性看到booking、agoda、trip.com、hotels.com、易遊網等各大網站的價格，如果最便宜的價格並非在Hotelscombined的話，也可以直接按連結到想去的網站上訂房，因為連結其他訂房網時，可能因網

站規則不同，因此看到的房價有可能不是最終房價，需要一直按到「付款頁面」才知最終價格。

優點　介面有中文，一次性比價很方便

缺點　Hotelscombined自己本身的房源不是最多，所以與其說是訂房網，不如說是比價神器

林果秒技　有江湖傳聞說，透過比價網連結過去訂房的話，房價較高，因此如果已有鎖定某間飯店，我會直接登入想累積積分的訂房網，搜尋訂房，而不透過比價網連結過去

德國專場—青年旅館是城堡？ jugendherberge.de

　　可別以為青年旅館就等於陽春、平價，德國的青年旅館平台jugendherberge.de上，多得是古蹟城堡、森林木屋、露營地等等，對於喜歡探索大自然、體驗不同住宿經驗的旅人而言，是一個可善用的住宿網站。

　　例如：在德國西邊的小鎮巴哈拉（Bacharach）山上，有一座史塔雷克堡（Stahleck Burg），西元1135年已有相關文獻紀錄，它一開始先是作為當地伯爵收稅總部，二次大戰期間，希特勒將此作為青少年訓練活動地，這座將近有九百年歷史的古堡，直至今日變身為青年旅館，更是眺望美麗萊茵河的絕佳地點！

林果秒技　在網站搜尋「Bacharach」，即可找到城堡青年旅館，城堡位於山上，有大行李的人最好斟酌的是否帶上山。投宿前記得先確認是否一定要有青年之家的會員證喔！

林果の發問時間 & 祕技總整理

Q 如何在沙發衝浪上找到好房東接待我呢？

我的策略是「先和對方當筆友」，如果我想去巴黎，就先找到願意當我筆友的巴黎人，除了可先練習英文或法文，成為筆友有比較多的認識後，互相信任，安全性和成功性會提高很多！

Q 所謂的沙發衝浪，真的完全不用錢嗎？

真的不用錢！不過請不要把對方當成「免費旅館」，這些善意接待的背後，對方可能想要的是文化交流、交朋友，因此若入住成功，可以帶點小特產、卡片，作為感謝的禮物，另外，維持著環境的整潔與禮貌，或是在可負擔範圍內，買瓶酒、食物一起分享，也是友好的表現！

Q 爲什麼我找的房子明明寫在「1樓」，結果入住時，卻在「2樓」？

在歐洲的 1 樓，其實是我們的 2 樓；歐洲的「0」樓，才是我們的「1」樓。寫信詢問住宿想確認是否在 1 樓時，請不要寫「1 floor」，最好寫「groun floor」才不會造成誤解喔！而且如果你和我當初旅行時一樣，是帶著巨大的行李，我想，再多問房東一句：「有沒有電梯」會比較保險！

🙏 使用 Airbnb 訂房時，把需求和問題一次列出來，一次翻譯完畢，之後看到喜歡的房源，只要複製貼上即可！這樣就不用每次都要重新撰寫、翻譯。

🙏 問題要清楚簡單，最好條列式，有明確問答選項，因為房東也不一定會英文，所以不用太在意文法的正確性，讓重點清楚明瞭、用字愈簡單會更好！

🙏 訂房資料我會印兩份紙本，一份放行李箱，一份帶在身上，特別是地圖和交通方式（過海關可能檢查），就算自己看不懂，拿給當地的人看也可以很清楚為你指路。另外，手機、電腦、雲端硬碟都很方便，別忘了多存幾份電子檔案，以備不時之需。

🙏 除非是從機場到住宿（機場通常在比較遠的市區外），否則應儘量選擇一種，且一趟交通工具，就能到達的住宿地點較佳，如果從車站步行就到達的話是最方便的，如果不行，就以「只搭一次地鐵或電車、公車」為原則，比較不建議搭地鐵再轉公車等等之類，需要轉乘愈多次的住宿地點，通常可能代表該處交通不方便，或是離市區有點距離，如果住宿的價格省很多再考慮，否則還是多比較幾間房源吧！

🙏 英文詢問信範例
以下是我當初使用的信件範本，列出一些比較基本的問題，大家可以依自己的需求增加、減少，例如可以詢問有沒有洗衣機、廚房，屋子內有沒有暖氣（歐洲大部分的房子幾乎都有暖氣，不過保險起見還是問一下，如果你是夏天出遊，就問一下是否有空調）。

Hello, I'm （填入英文名）.　　　　　　　　　　你好，我是（名字）

We have （填入數字） people.　　　　　　　　　我們有（幾）個人。

About your apartment, I have several questions……　關於您的公寓，我有幾個問題......

The apartment in which floor? There is an elevator?　公寓在幾樓呢？有電梯嗎？

Be used independently? or with homeowners live　可獨立使用或房主住在一起嗎？

together?　　　　　　　　　　　　　　　　　入住的時間和退房的靈活性？

The time of check-in and check-out is flexibility?　當我們到達時，如何聯繫？

How to contact when we are arrived?　　　　　如何獲得公寓鑰匙？

How to get the keys to the apartment?

　　　　　　　　　　　　　　　　　　　　　謝謝。

Thanks.

Sans Serif ・ | ｗT ・ | B I U A ・ | 三 ・ | 三 三 三 三 ｙｙ | I𝐱

傳送 A | ⏚ 🝙 🖼 ∞ ☺

住宿的華麗與冒險！

若說訂交通票是「緊張」，那訂房就是「糾結」了！

畢竟房子是要住好幾天的，住得好不好，會大大影響旅行的睡眠、心情、品質，甚至影響最後對城市的印象和回憶。

在歐洲旅行當中，我選擇在Airbnb上入住「當地人」的房子，一開始是考量公寓有「廚房」可煮食，方便控制飲食預算，後來我發現，觀察每個國家、每個房東的不同生活品味、佈置風格，成了另一個認識當地的窗口和樂趣，甚至是體會當地物價指數的最好指標。

假如你的旅行預算不高，布拉格、維也納、布達佩斯絕對是價格上最親民的城市，相對便宜的物價、房價，能讓你花少少的錢，住大大的房，不過我建議布達佩斯的房源要稍微謹慎挑選。

中等價位榜上名單，最讓我意外的是巴黎，看似高貴居然不貴（當然要貴的也是有），從五星級大飯店到灰姑娘的閣樓，應有盡有，巴黎就像一個能包容所有各種可能的神奇城市，無論你是富遊還是窮遊，巴黎都能接得住，就看你想在這座城市裡體驗什麼了！

而相對來說高價位的城市，我覺得有阿姆斯特丹、慕尼黑、科隆、薩爾斯堡、佛羅倫斯和米蘭，我在找房源時，這幾個城市對我造成的「痛苦指數」簡直歷歷在目，但是其中又有些許不同。

阿姆斯特丹的貴我比較能理解，畢竟是個與海爭地的城市，加上環保意識高，是所有歐洲先進國家中，將節能、低耗能真正刻進種族DNA裡的特殊人種，因此同樣的價位，在巴黎我們可以獨享整間公

寓，但在阿姆斯特丹只能和房東同住，而且位置偏郊區。

　　薩爾斯堡雖和維也納同屬奧地利，但兩個城市的物價指數可是大大不同，或許是位於山間小鎮，也可能因為是莫札特故鄉，所以物價相對維也納高出不少。其他城市房價也偏高，若在旅途規劃中，就務必小心了，因為房價高所以若選擇了相對便宜的選擇，可能踩雷率會較高，或者房子較小、老舊，必須提高警覺，別被美美的照片給騙了！（尤其是佛羅倫斯和米蘭）

　　另外要單獨說的是威尼斯，雖然房價平均下來是最貴的，但卻也是最值得的，威尼斯的貴有先天的，也有後天的原因。首先，整座威尼斯島上就是一座「古蹟」，所以即使你家只是想修扇窗，很抱歉，你得先向政府申請，經過政府各部門的評估，與一關又一關的審核蓋章後，才可以動工。義大利人的做事效率又是出了名的「隨興」，所以收到核可，都不知道是多久以後的事。因此，如果你入住標榜有「悠久」

歷史傳統的大飯店，那最好有點心理準備，和你想像的「略有」不同，它的悠久性，恐怕還包含不通的馬桶，和總是沒有熱水的洗澡系統。曾有朋友入住此類型飯店，她說，是很感謝老闆花大錢讓她們住高檔飯店，但總覺得半夜會有鬼魂會飄出來。嗯……真是很特別的「悠久歷史」的體驗。

　　比較幸運的是，我在威尼斯碰到了一位好房東，因此雖然住得最貴，卻是花得最心甘情願的住宿。

　　房子位於一樓，門前還有個小花園庭院，重點是，房子裡的衛浴用品、洗衣機、廚房用具一應俱全。屋內家具將古董家具和Ikea融合搭配，加上義式鄉村感的復古紅磚，和門口一盞超大玻璃古典吊燈，既現代又復古，還兼具功能性與美感，真是佈置高手！

　　住當地人的房子，有華麗體驗，也會冒險踩到地雷，比起住飯店和青旅會更加刺激，但也可能更有機會獲得獨一無二的體驗。住當地人的家，和當地人互動，仔細觀察體會，更能貼近當地生活，或許也是另一種「華麗的冒險」。

果媽也去沙發衝浪

歐洲旅行時，因緣際會之下，我們全家有了首次「沙發衝浪」的機會！

於是果媽就在一知半解之下，和我們一起去「衝浪」！接待我們的是Conni，她和老公剛新婚喔！

在聊天的過程當中，我們得知Conni是個吃素的護士，她最喜歡的食物之一居然是——豆腐！

告訴兩位一個好消息，我們的行程中有一站要「沙發衝浪」喔！

喔～呵呵呵～我早就想試看看了～～

蝦米是沙發衝浪呀？下雪攏賣去玩水喔？賣啦～

不是啦，沙發衝浪是說去睡當地人家裡，而且不用錢喔～

免錢？真捏阿假？

金捏阿假耶？歪國人吃豆腐？

德國居然有豆腐？

see～～

一般超市就有了喔！

對呀，我們怎麼都沒發現？

於是，為了感謝她接待我們，我提議，我們來場「豆腐晚餐」，雙方煮各自的「豆腐料理」給彼此品嚐，她很高興的答應了！

Conni做的是「乾豆腐義大利麵」，這還是我們第一次看到豆腐還可以這樣和義大利麵結合！

豆腐大廚：德國代表！

把捲捲的義大利麵煮熟，再加入煮熟的胡蘿蔔、豆腐，還有 Conni 的「特調魔法料理粉」，拌一拌，就完成了這道特別的義大利麵！

拌～拌～

翻譯兼小助手！

好香喔！

炒～炒～

豆腐大廚：臺灣代表！

我們端上的是：
「西洋芹菜炒豆腐」
因為買不到正宗芹菜，
所以只好用西洋芹代替，沒想到大獲好評！

Conni很驚訝豆腐還有這麼多種吃法，我告訴她，在臺灣，還有更多不同的豆腐吃法，看著她一臉驚訝的樣子，讓我下定決心，哪天等她來到臺灣，我要帶她見識擺滿整桌、各式各樣不同的豆腐料理。

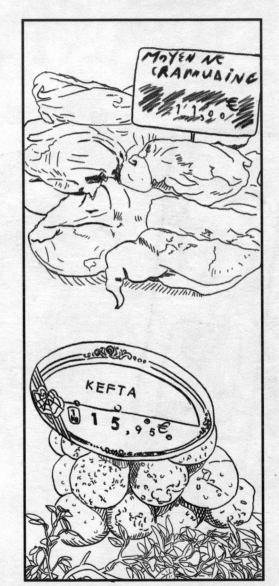

歐洲「吃飯」祕技

誰說歐洲只能嗑麵包？

發揮巧思，就可以吃得飽，又吃得好！

歐洲物價是出了名的貴，很多人到了當地為了省錢，常常一個三明治解決一餐，聽過最慘的案例是，有朋友跟我說，有次他買了個三明治上火車之後，對著三明治沮喪地哭了起來，因為「他真不想再吃三明治了……」

對照他慘痛的經驗，我才發現……自己很幸福耶！我原本以為歐洲之旅會是一趟「瘦身之旅」，結果沒想到每天都吃得「油洗洗」（臺語）！造成這樣的差異，我歸納最根本的原因在於：民宿裡要有廚房！

若想要省錢，又想吃得好、更貼近當地人生活，有些事你不可不知！

東西方吃飯觀念大不同

午餐是商務，晚餐是聚會！

從東方養生觀念來說，早餐吃得好，午餐吃得飽，晚餐吃最少，但西方剛好相反：平日午餐吃得簡單，一個三明治、一份沙拉簡單解決，重頭戲在「晚餐」，那才是與家人、朋友、情人聚會，最豐盛、吃得長久的一餐。據說最屬害的是義大利人，可以從八九點開始吃，一路吃到凌晨！

因此，如果只是想邀請對方簡單的餐敘，可以選擇午餐，相反的，要是被邀請晚餐的約會，那代表對方可能想結交你這個朋友喔！

一定要給小費嗎？

要說東西方飲食文化中，最讓人糾結的大概就是「給小費」這回事。

在亞洲吃飯，餐點多少錢就付多少錢。身為一個老闆，應該要把人事成本算好加在餐點內呀，為何要讓我這個小小的消費者內心如此糾結呢？

其實各國的習慣不太一樣，我在法國、德國、捷克的餐廳，都沒有一定要給小費的規定，但在義大利用餐，我看到帳單上已經直接列出一定比例作為服務費，這種我也不會再給小費。有的店不會有這項，如果這時帳單尾數找零不多，或許可以告知剩下的就當作小費不用找。

但是但是，如果說，小費是代表服務品質的肯定，給的愈多，代表愈滿意對方的服務，那遇到態度不佳的服務生時，可以不付任何的小費當作沉默的抗議嗎？

我認為是可以的。在柏林的時候，去一家餐廳吃飯，服務生態度非常不好，結帳時，我一毛錢也沒給她。這位壯碩且一臉粗魯的女服務生，衝著我嘰哩呱啦講了一堆德文後氣呼呼地離開。

回到民宿後，我向房東詢問德國有一定要付小費的規定嗎？

她說當然沒有，若她遇到同樣情況，也會選擇不付，如果對方像這樣罵客人的話，她還會反罵回去。然後她開始告訴我她的「豐功偉業」，她說是有聽說有些餐廳是不付服務生薪水的，服務生全靠小費收入，但有的餐廳是有付服務生薪水的，情形不太一樣。但無論如何，只要她遇到服務不佳的，她一律不給小費，有次還和服務生大吵。以她「實事求是」的德意志血統，當她覺得對方不應該得到小費時，便堅決不給。

嗯，好吧，既然已經來到了「德意志」，那就入境隨俗，也學習一下人家「一板一眼」的文化精神嘍！

吃得好，不如吃得巧！

全球連鎖·義大利料理平價餐廳 vapiano

在法國、德國、捷克、匈牙利、英國等，都有分店的vapiano，其實是德國血統，但主要販售義大利麵、披薩，主打一種「快餐」風格。上官網vapiano.com可以看到最新菜單，主菜價位大約在7~12歐不等，最讓我想去的是巴黎分店，位置就在香榭麗舍大街上呢！

國外也有吃到飽？ flunch、sportscafe

當我第一次在巴黎街上，看到用中文大大地寫著「××大酒店吃到飽」的招牌時，錯愕得下巴都快掉下來。後來又陸續在義大利等地看到類似的餐廳招牌，我已經見怪不怪，只覺得：華人的力量真偉大！

其實在歐洲，像巴黎這樣有著多元種族融合的大城市，想找到各式各樣料理的餐廳一點也不難，越南菜、日本料理、中國菜、泰國菜，不談是否正宗，但至少美味能拯救思鄉的胃。

除了中式吃到飽，其實法式餐廳也有吃到飽！

荷蘭的sportscafe其實是一家運動餐廳，在足球賽舉行時，可透過電視看大型賽事的轉播，不過對旅人來說，它的「豬肋排吃到飽」誘惑絕對是大於足球賽的！超大份量的豬肋排隨你吃，也因此是當許多窮留學生想吃肉時的好去處。上官網satellitesportscafe.nl可查詢到每天播放的運動比賽節目，不過對我這個吃貨來說，菜單上13.95歐all you can eat的字樣更讓我心動不已！

比利時的Amadeus餐廳也是主打豬肋排吃到飽，不過價位稍高，約在18~20歐左右。

全部都 1 歐·100 種 Tapas　Cervecería 100 Montaditos

不是號稱，而是真的有100種口味tapas的Cervecería 100 Montaditos，是旅行西班牙、義大利不可不知的平價美食連鎖店啊！

該店將所有餐點都寫上編號，每樣小點也都不貴，約為1到4歐左右，每週三、週日還有大特價活動，全部變1歐，因此特價日也常會看到店裡大排長龍。許多餐點上還會灑上滿滿的薯片，再加上薯條、起司醬、麵包……主打就是一個高熱量邪惡美食組合，除了美味，主要也是麵包容易有飽足感，但是以每道菜1歐如此便宜的價格，在歐洲來說，還是相當吸引人，就算點錯也不心疼，與其

把它當作吃粗飽的餐廳，不如當作一場可以大膽嚐鮮的有趣冒險。

北海海鮮速食連鎖店　Nordsee

販售以炸物、海鮮、輕食為主，算是海鮮版的速食店吧，價位從2歐到20歐的餐點都有，優點就是不管你是很餓想吃很多，還是不太餓只想吃點小點填肚子時，它都能滿足你。品項種類有很多，放在玻璃櫥櫃裡看起來就非常誘人！有單個計價的三明治、漢堡，

也有以重量計價的涼菜，可自由搭配。連鎖店眾多，以德國全境和奧地利為主。

坐著吃站著吃價錢大不同

在義大利，坐著吃、站著吃和外帶，有不同價格，就連一杯咖啡可能都有價差！最划算的就是外帶

回家吃，我們在威尼斯去餐廳吃了一餐披薩，酒水費、服務費、座位費、餐點費加一加，總結下來三人花了40歐（約臺幣1500元），看起來很貴，但若只看「披薩」價格，三個26歐，平均一個約臺幣300元，跟臺灣價格差不多。

另外，在歐洲很常會遇到「站桌」式用餐，特別是在歐洲聖誕市集裡，是一種常見的用餐方式，有機會可以體驗一下。

歐洲也有米？

歐洲超市買的到中式食材嗎？可以，而且選擇還挺多的呢！

出發前，果媽怕歐洲買不到吃慣的食材，因此在行李箱中，偷偷帶了一小包白米、醬瓜、醬菜，害我過海關時，心情不由自主的緊張了一下。

結果到法國超市一看，這裡不只有白米，還有泰國米、越南米、長米、短米，各式各樣的米可以選擇呢！而且不是一包1公斤裝的大容量，而是散裝的米，需要多少買多少，對旅行者來說很方便。

大一點的超市裡，除了白米，也會販售許多東方調味料，例如維也納的霍爾超市，一整區進口的中式日式調味料、食材，讓人不禁驚嘆，世界的距離真是愈來愈小了。

除了中式食材，打開好奇心探索國外食材也很好玩！看著琳琅滿目的調味料區，我們總忍不住好奇買回家嘗試；還有滿櫃滿櫃的冰淇淋、雪糕，製作的品質和價格相比，直讓人大呼值得！

誰說食物文化交流只能在餐廳？拿出逛博物館的態度去逛超市，會讓你有更多當地生活體驗！

快點來買喔！

食在最省——
自己煮飯樂趣多！

最高「省」府——自己煮！

　　為什麼林果一直強調在歐洲旅行時，「住宿找有廚房的房子」這麼重要咧？有兩個原因：一是可以有效控制預算，二是可以煮自己習慣的飲食！

　　先說控制預算。在臺灣，一個排骨飯，有飯有菜有肉，飲料和熱湯還讓人喝到飽；在歐洲，一個完整的套餐吃下來，沙拉、前菜，主菜、甜點、咖啡，加起來50歐起跳是家常便飯，就算只點一個主菜15歐，再把飲料錢、小費加一加，至少也要20歐，一頓飯將近臺幣五、六百元，卻只有一塊牛排，在臺灣都能去吃吃到飽了，所以光是用想像的，就讓我心痛不已。

　　再來是飲食習慣，西方食物大多是生冷的沙拉、冷盤、生火腿，加上擔心果媽的胃無法餐餐都吃生冷食物，所以住處「要有廚房」變成必要條件。

　　後來我發現，這真是太重要的一個決定了！

　　如果你也和我一樣，不想每餐都吃貴鬆鬆的餐廳（一邊吃，心一邊流血），也不想每餐吃三明治吃到很沮喪，看完下面的外食和自己煮的價格比較之後，相信聰明的你，也可以在國外吃得眉開眼笑喔！

廚房快手　　總鋪師

洗碗小妹

食在最省比一比（以法國為例）

	外食		自己煮	
	餐廳	三明治攤	法國超級市場	法國傳統市場
飲料費	7€	0	一瓶平價香檳酒1.2€	自帶茶包泡茶0€
沙拉	8~15€	0	一顆生菜1€（可以吃2餐）	一顆生菜1€（可以吃2餐）
湯	7~15€	0	湯材料3€（可以吃2餐）	洋菇蘿蔔生菜湯1€（可以吃2餐）
主菜	15€起	5~8€	義大利麵1€/斤（4餐） 醬1.2€（2餐）	嫩煎牛肉佐洋菇（肉14€/斤7片）
甜點	10€	0	馬卡龍一顆2€×3 （偶爾奢侈一下）	一籃新鮮水果2€
服務費	5%~7%	0	0	0
小計	50~70€	5~8€	11€（扣掉甜點是5€！）勝	5€！勝
感想	不一定好吃或難吃，但餐餐這樣吃，遲早會破產！	每天都吃麵包夾火腿生菜，拜託給我熱的食物！	買得開心、吃得開心、選擇眾多，超級市場都有標牌價不怕買貴！	買得開心、吃得開心，和當地小販互動體驗無價！勝

一樣是飲料、沙拉、湯、主菜、甜點，自己下廚和餐廳吃，價差居然差了十倍？
想省錢的話，誰說只能每天苦哈哈地啃三明治呢？

歐洲旅行時，選擇有廚房的民宿，另一個最大的原因，不是為了省錢，而是為了「融入當地人生活」！

逛當地的傳統市場，感受市場的活力，和小販比手劃腳的有趣過程（在食物面前，語言是非必要的），有趣又獨特的回憶，不是金錢或上餐廳可以提供的喔！

法國 巴黎

巴士底露天市集

地點｜地鐵Bastille站
時間｜每週四、日7：00~13：00

　　有「窮人的天堂」之稱的巴士底露天市集，就位於市區中的 長型公園裡，兩大排的帳蓬，會讓你懷疑來到了嘉年華會！不過這裡也算一種嘉年華會，一種「菜籃族」的盛會。海鮮、肉類、蔬菜水果、麵包、起司，衣服、飾品、鮮花。無論熟的生的、用的吃的穿的，來到這邊，應有盡有，而且生猛的海鮮，還是產地新鮮直送呢。在巴黎，逛菜市場可不是女人的事喔，許多來採買的，都是男人！

　　如果住宿的地方沒有廚房也沒關係，這裡匯集了歐洲各國的美食小吃，都是煮熟的：法國烤雞、西班牙海鮮燴飯、中東烤餅、法國可麗餅，空著肚子來，再順便將三天的食物都買回去，真是太幸福啦！

　　在這邊買東西是一種享受，所有攤販整齊劃一的擺開，上面都有小牌子寫清楚價格，很多東西的價錢都比想像的便宜許多。這裡場地雖然不是最大的，但品項之豐富，讓林果到現在還是很懷念哩！

如果你還想知道更多巴黎市集資訊請看這邊

goo.gl/VoJCAo

亞伯特蓋普市集Albert Cuyp markt

地點｜搭Tram16號或24號，Albert Cuyp markt站
時間｜9：00～17：00，週日休

　　有「歐洲最大戶外露天市集」之稱的亞伯特蓋普市集，場地很大，和法國巴士底市集不同，這裡的市集不是在道路中間的公園空地，而是占了整整一長條街，包含街道兩旁的建築物，以及建築物外面圍了一排的攤販。亞伯特蓋普市和巴士底市集最大的不同就是可別太早來！最好十點過後再到達，店家會擺得比較完整。果媽因為知道這天我們要逛市集，因此起了個大早，結果店家擺得不是太多，直到十點過後街上才陸陸續續慢慢熱鬧起來。這裡不只有賣菜的街邊市集，周遭建築物裡充滿著服飾、小吃、蛋糕店。這天是由可愛的荷蘭房東陪著我們去逛的，我特別和她確認這個市集是當地人平常經常光顧的市集嗎？經過房東的認證：沒錯，這裡就是荷蘭人平時會來買菜的市集，而不是觀光市集喔！

里亞托市場Rialto market
（魚市場Fish market）

地點｜里亞托橋附近
時間｜週日、一休息，其他時間只營業到中午十二點

　　威尼斯里亞托橋附近的里亞托市場，我更喜歡親切的喊它「魚市場」，是令我最難忘的市集。來到威尼斯，要是沒有去過魚市場採買，那簡直沒有到過威尼斯一樣。魚市場不很大，但顧名思義，是個專賣「海鮮」的市集。各式各樣的魚類、海鮮、貝類，從沒看過奇形怪狀的蝦子品種，在這裡都可見到。因為靠近海洋，所以海鮮鮮度活跳跳，種類之多，真是大開眼界。來一趟魚市場吧！絕對是愛好海鮮和美食者的天堂。

　　這個魚市場屬於「早市」，據說早上06:30可以在這裡看到老闆們一一卸貨；如果喜歡挑貨選擇的人，建議可以大約07:00到達，但如果是想趁老闆們收市前的便宜跳樓大拍賣，則可以等11:30左右再來。

中央市場Nagy Vasarcsarnok

地點｜搭Tram47、48、49號至Fövám tér站
時間｜6：00～17：00，週六至15：00，週日休

來到布達佩斯的中央市場，先別急著衝進市場血拼，可以先欣賞這座百年歷史建物外牆，充滿匈牙利民族風格的馬賽克拼磚。

布達佩斯的中央市場是個「室內」市場，在古色古香的建築物裡，總共有三層，一樓、二樓和地下室。入口有「換幣亭」，因為匈牙利目前使用「福林幣」，所以只有歐元的話必須換錢，當然在這裡換的話匯率是最差的。

中央市場大到讓人有置身在火車站的感覺，一樓大多是賣生鮮水果、肉鋪、水果店、蔬菜店，也有賣

這有如皇宮般氣勢的地方，居然是菜市場！！！

真驚人

華麗馬賽克拼花

繁複雕花鐵門

光是正面就有多達11道拱門的超強氣勢！

熟食的麵包、點心、酒等等，應有盡有。二樓主要以服飾、織布、玩偶，就是一些觀光客會喜歡買的東西，但是建議要貨比三家，在這買不一定較便宜。

在這裡買東西要提高警覺，我遇見一家水果攤老闆不是很老實，差點被騙錢，好在我都會先算好價格，一一清點找零，才沒讓這位黑心商人得逞，所以在這邊買菜，一定要仔細清點金額。

逛菜市場「好人緣」
五大要點攻略

1 先點頭問好。（當然要面帶微笑）

2 不要對水果或蔬菜摸來摸去、捏來捏去，用眼睛看，看好要哪一個，直接和老闆說。

3 就算語言不通，外國的菜市場大多都有「發票」，可以拿到發票後，看多少錢再付帳。付錢之前，記得看清楚單價和總價有沒有算錯。

4 付錢，仔細核對有無找錯錢。掏錢的時候注意周遭有無可疑人士接近。

5 沒找錯的話，開心地和老闆道謝謝和再見。找錯錢的話，記得向老闆要錢。收好錢包、發票、食物，再從容離開。切忌慌張匆忙，否則容易漏掉錢包，或趁亂被扒手得逞。

省錢不可不知的
「平價超市」

巴黎 | Monoprix 超市

雖然家樂福是法國企業，但法國人卻不愛家樂福和連鎖店，比較愛住家區附近的獨立小商店和Monoprix超市。建議在超市裡找Monoprix的自有品牌，絕對是全場最優價格，果媽最喜歡的小遊戲，就是在超市裡找出CP值超高的「1歐商品」！

荷蘭 | Albert Heijn、JUMBO 超市

雖然荷蘭交通貴，但在荷蘭買「肉」卻很便宜，而且常常有特價，看著便宜到爆炸的肉，如果沒廚房可煮的話一定會非常扼腕。

柏林 | NETTO 超市

柏林超市裡最多的大概就是「微波食品」，各種口味的披薩、中東風味烤雞、牛奶和雞蛋也很便宜。

布拉格 | Albert 超市

在布拉格超市，最推薦買的就是牛排和國民麵包，買大片牛排回家煎一煎，灑點鹽就很好吃。「國民麵包」一個不到1歐，自己再加點工，放進熱狗、小黃瓜、蕃茄醬，絕對是衝行程的好朋友、背包必備的美味三明治。

維也納 | BILLA、SPAR 超市

身為音樂之都，維也納物價高貴不貴，超市裡多得是0.99歐的巧克力餅乾、牛奶、雞蛋、高麗菜，買到果媽這個家庭主婦都快失心瘋！

威尼斯 | 魚市場、Albert 超市

沒有逛過魚市場，吃過魚市場裡的海鮮，就不算到過威尼斯。除了魚市場的「海味」之外，小商店和Albert超市也值得進去進行1歐尋寶之旅！

林果真心推薦
各國必吃美食

巴黎
甜點、螺肉

在法國，你永遠不愁找不到美味的東西。

路邊隨便一家櫥窗裡的蛋糕，總是令人充滿食欲，更別說早已揚威國際的馬卡龍。除了甜點，其他食物有什麼是必吃的呢？

林果認為，有機會去到了巴士底菜市場採買的話，可以買一種類似「螺肉」的海鮮回來煮，保證難忘它的鮮美與Q彈口感。

阿姆斯特丹
生吞鯡魚

荷蘭道地傳統小吃。將「生」鯡魚用鹽巴醃製一段時間後，取出搭配新鮮洋蔥丁、酸黃瓜食用。雖然魚肉還是「生的」，但很清新爽口，和日本的生魚片厚厚的魚肉口感不太一樣，而是軟嫩薄片。魚片不大，大約女生一個手掌大小，傳統的豪邁吃法，是將整條魚直接從尾巴抓起，整條吞下。房東為林果示範假動作時，我彷彿可以看到整條魚，慢慢從嘴巴「游」進食道再抵達胃部！

生的魚肉不腥嗎？林果覺得還好，因為已經被鹽巴醃「熟」了，加上搭配著洋蔥和酸黃瓜，整體口感味道協調，值得一試。

柏林

水煮豬腳

　　德國有三寶，啤酒、香腸和豬腳。

　　不過以上三種林果認為南方的慕尼黑，會較合臺灣人口味。德國領土廣大，北方和南方的飲食也是天差地遠，雖然一樣是豬腳，但北方主要以「水煮豬腳」為主，而南方主要以「烤豬腳」為主。

　　水煮豬腳較清淡，搭配上德國酸菜，份量十足，只不過對於一頓飯得有肉有菜有湯的我們來說，整頓飯從頭吃到底，能不能只吃：豬腳＋酸菜，可能就得看一下自己的味蕾會不會抗議了。

布拉格

牛肉

　　坐上從柏林一路開往布拉格的巴士上，翻山越嶺之際，遠遠就看到山丘草原上，養著一頭頭的牛。

　　到了布拉格，忍不住在超市買了牛肉——這真是太太太明智的選擇啦！只是簡單地放到電磁爐上面，用平底鍋稍微煎一下，那滋味香得～～立刻傳滿了整個客餐廳和房間，至今仍然令人難以忘懷的鮮美牛肉。待在布拉格的日子，幾乎天天到超市買牛肉，便宜又好吃。後來才明白，布拉格飼養了大量的牛隻，是歐洲各國的牛肉輸出國，難怪牛肉那麼便宜又好吃。

　　還有水果，在超市買的小橘子和鳳梨居然比臺灣還便宜。大量吃肉之餘，也奉勸大家別忘了補充維他命C喔！

布達佩斯

當地風味麵包

　　牛肉狀元被布拉格拿下；精緻的甜點蛋糕也有巴黎頂尖王國霸佔。

　　匈牙利，昔日的奧匈帝國，到底有什麼好吃好玩的呢？聽說來到匈牙利必喝「貴腐酒」，但林果喝著也不覺得特別順口好喝，倒是菜市場內的麵包比較有當地特色，類似可頌餅皮，從捲起來的麵包中，包上份量超足的起司絲，還誘人的從麵包的前後端，露出一絲一絲迷惑人犯罪，買了一個，當下忍不住馬上咬一口──好吃！這種當地風味小點是旅遊書上不會介紹，卻最貼近當地人生活的小細節，建議在市場裡尋寶。

維也納

烤豬腳

　　咦？豬腳不是德國的特產嗎？怎麼跑到奧地利吃呢？

　　其實奧地利和德國南部的慕尼黑相當接近（連德國慕尼黑邦票都能一票坐到奧地利的薩爾斯堡，真的是很近呀！），所以在飲食文化上，也就比遠在北部的柏林來得更為接近。因為林果此趟旅行中，吃到最好的豬腳，居然是在維也納，所以也就將豬腳列在這裡嘍！

　　這家奧地利的「RADATZ」品牌，在當地是有120年歷史、多年榮獲維也納超級品牌的老店，本身是肉品、香腸、火腿的製造商，在眾多分店中，可內用也可外帶，若在維也納想吃好吃的烤豬腳，找RADATZ準沒錯！烤豬腳外酥內軟，甜美多汁，好吃到讓果媽回國至今，仍然深深懷念不已，直嚷嚷著哪天再有機會回到維也納，必定再去吃當地的烤豬腳。

慕尼黑
維也納香腸

是的，您沒有看錯，到維也納吃德國的烤豬腳，到慕尼黑吃維也納香腸。慕尼黑和維也納真是感情好到不行的好兄弟。

在慕尼黑有一種可以隨手帶著走的小吃，有點像我們的刈包，但麵包夾的不是滷肉，而是兩條香腸。在慕尼黑建議大家可以盡情的吃香腸，有各式各樣口味的，都很好吃。如果語言不通，或不知該怎麼點，林果的祕招之一，就是看前面最多人點的是哪一項，就跟著買，成功機率相當高。

其實說是香腸，我覺得倒比較像我們的熱狗，再加上蕃茄醬、黃芥末醬，價格又親民，是必試的美味小吃！

弗萊堡
黑森林蛋糕

來到德國弗萊堡，除了爬黑森林山，當然就是要吃黑森林蛋糕。

德國人的龜毛天性，再次發揮在食品業上。對於黑森林蛋糕，可是有明文規定，必須含有多少百分比以上的櫻桃，才能叫做黑森林蛋糕。

而德國大媽home made的蛋糕真不是蓋的，料多新鮮又好吃，臨離開弗萊堡前，林果可是衝向蛋糕店，又買了三四塊蛋糕大啖一番，才肯甘心離去。如果不知道要去哪裡買的話，就請房東推薦一下！

威尼斯

魚市場海鮮、披薩

　　義大利人雖然不像中國一樣，有「滿漢全席」般的精緻宴席，但義大利人對美食的熱愛與專業，就像法國人一樣，是一個真正懂得享受「吃」這回事的國家。除了前面說的魚市場的鮮美海鮮，在這裡，披薩店、義大利麵店，絕對會令人驚豔，真正顛覆你對披薩和義大利麵店的想像。

　　建議最好不要去旅遊書上介紹的店家，可以請住在當地的房東推薦當地人常去的店家，通常會坐落在非觀光主道上的小巷弄裡。

　　如果擔心迷路，或表現出你對美食的熱情，熱情的義大利房東說不定還會親自帶你走去店裡喔！

米蘭

冰淇淋

　　義大利的冰淇淋是出了名的新鮮又好吃，在米蘭亦不例外。不只年輕人吃、觀光客吃，連老爺爺帶著小孫子都來吃，當時可是大冬天，氣溫接近零度的季節哩！我想像著，要是回到家，小孩子不小心說漏嘴，被知道在冬天吃冰，還是爺爺帶頭，回家不知道會不會被愛孫心切的奶奶唸到耳朵長繭？呵呵，可見義大利人吃冰淇淋，已經超越了季節的限制。這已經不是一項單純的冰品，而是一項正宗的國民必吃美食。

　　在米蘭，不愁找不到好吃的冰淇淋店，有名的幾家品牌，例如：GROM、Le Tre Gazzelle，在米蘭大教堂附近的街旁就有分店。

佛羅倫斯

滷牛雜

　　佛羅倫斯很有名的「大牛排」是許多旅遊書上會介紹的必吃美食，但除了大牛排外，其實在佛羅倫斯的中央市場外邊，有一家「遠近馳名」的「滷牛雜」小攤車。

　　不用怕語言不通，小攤老闆的滷牛雜已經好吃到讓日本人和臺灣人都為他畫漫畫，貼在餐車上，讓人一目了然小攤車的菜單有些什麼，又該怎麼點。

　　人潮絡繹不絕，老闆忙碌的雙手從沒停過，嚐一口滷牛雜，頓時讓已經旅行了快三個月的林果一家，瞬間有回到家鄉的感覺。建議大家，除了大牛排，也可來嚐嚐這裡道地的滷牛雜。

吃一道當地獨有餐點——無價！

　　雖說自己煮最省，但是也可以像我一樣，每個城市至少選一家餐廳，前往體驗，因為在餐廳裡不只是為了「吃」，整個上餐館的過程，從點菜到付帳，我認為也是一次獨一無二的文化體驗。那怎麼選餐廳，才能吃到最道地的味道呢？我常用的最好的方法就是：

勇敢的請當地人推薦吧！

　　沒錯，就是請當地人推薦！

　　如果住青年旅館和當地民宿的人，別忘了詢問櫃台人員或者房東，我想他們都很樂於分享他們心目中，道地好吃又便宜的餐廳口袋名單，或者你也可以和我一樣——鼓起勇氣問路人！

　　無論是拿出你事先翻譯好的句子，還是比手劃腳外加畫圖，詢問附近有沒有便宜又好吃的餐廳，說不定會有意外的驚喜喔！

不過你可別找看起來就是在趕時間的人，還是詢問悠閒、和善一點的路人吧！當然你也可以事先在網路上查好，不過既然已經來到國外了，和當地人有多一點的互動，不是更有趣嗎？

就算被拒絕也沒關係，就當作是給自己一次勇氣的試煉！為了美食，咱們就豁出去吧！

精打細算，不但要吃得飽，更要吃得巧！

Q 每每一進餐廳就要先點飲料，不管是水，還是果汁，光是想到吃頓飯就要先為飲料花上200元臺幣，便感覺好有壓力，都無法用愉悅的心情享受美味的餐點了！

一樣的價格，為什麼要喝水，而不來杯美妙的葡萄酒呢？歐洲可是有名的葡萄酒產地！在那邊喝酒通常比喝水便宜，既然已經來到「葡萄酒的天堂」，何不入境隨俗來杯葡萄酒？

如果不喝酒的人，又不想為「飲料」付錢的話，其實也可以請服務生來壺「免費的水」喔！

雖然在餐廳，就算點「水」也要錢，但那是指「瓶裝水」才需要付費，如果你向服務生說免費的水，他便會用玻璃水壺裝自來水，在法國自來水是可以喝的，這樣一來，你就不必為水付費！

不過不管喝什麼，最重要的是，既然進了餐廳，就請拋開壓力，好好享受這美妙的一餐吧！

Q 怎樣找一家「專業」的披薩店？

很簡單！在義大利，如果你想找一家「專業」的披薩店，那麼就專挑「只賣披薩」的餐廳下手！道理很簡單，一家專業的蚵仔麵線攤，是可以只賣一項產品「蚵仔麵線」就能存活下去的！同理可證，一位專業的披薩師傅，光花心思鑽研一項披薩，就能讓他擦亮他的金字招牌，遠近馳名。

林果認為，義大利某些比較傳統的城市，還是相當純樸，沒有太商業化的氣息。所以，如果到了義大利，想找一間道地的披薩店或好吃的義大利麵餐廳，這是個可以參考的標準。

在移動日當中，要多準備一些食物和水，特別是交通時間特別早或特別晚的人，到了當地可能所有的超市、餐廳都打烊了，這時候多準備的食物和泡麵可就派上用場了！

 還記得行李裡的泡麵嗎？思鄉的時候、半夜肚子餓的時候、不方便煮東西的時候，燒個熱水，來碗泡麵～啊，好像在天堂！

 在超市買東西不確定上面的價錢是哪一個時，別害羞，問問旁邊熱心又可愛的婆婆媽媽們吧！目前為止，我還沒遇到被拒絕的情形呢！

 白天中午在外面遊玩時，不可能回家吃午飯（浪費時間和交通錢），又該怎麼解決午餐呢？學學外國人中午吃三明治吧！自己到超市買麵包、生菜、火腿夾一夾，中午找個美麗的公園坐下來野餐，絕對價值滿點！

一個城市最重要的地方是哪裡？

一個城市最重要的地方是哪裡？

不是博物館，不是皇宮，而是菜市場。

如果沒有菜市場，沒有食物，要怎麼填飽肚子？

綜觀全世界，古今中外，只要有人、有城鎮，無論鄉下還是都市，一定都需要菜市場，或者市集，因為人的生活，離不開飲食、流通貨物、交換資源。

「菜市場」是市井小民生活百態的縮影。

新鮮翠綠的蔬菜攤，鮮豔血紅的肉攤，腥鹹的海鮮，五穀小麥麵包、甜點、蛋糕、熱氣騰騰的現炒小吃、五金用品、電器修繕、二手書、古著衣、鮮花、紅酒……應有盡有，匯集生活百粹。

菜市場還有個令人著迷的特點：活力。尤其是清晨的早市，當你睡眼惺忪、全身懶散的踏進菜市場，賣力吆喝的小販，精神抖擻的阿婆，充滿幹勁的大姊大叔……被市場的活力感染，精神一下子就抖擻起來。

在我心中，菜市場有著神聖不可侵犯的地位。

無論去哪旅行，可以不去博物館，但絕不能錯過菜市場。一個城市的人民懂不懂生活、懂不懂吃，逛一遍當地的菜市場就知道了。

我最推薦的兩個市場，是巴黎的巴士底市集，和威尼斯的魚市場，特別是魚市場，沒去過魚市場的人，不算去過威尼斯。

威尼斯是海港城市，又熱衷經商，在歷史上，經濟一度強盛到敢跟中央政治拍案叫板說：「威尼斯有威尼斯的法律，你中央政府管不著。」而中央政府拿威尼斯一點辦法也沒有，誰叫威尼斯上繳的稅金幾乎佔全國總稅收一半呢。

威尼斯魚市場主打「海鮮」，外圍有少數幾攤賣水果、蔬菜，但市場中心的海鮮魚貨攤才是主角。

不會義大利文，怎麼買菜？

不用擔心，威尼斯商人靈活得很。

我想買魚，但人在異地又不想處理魚腮魚肚穢物，用手在脖子旁比劃兩下，老闆笑了，他眼神像在說：唉呀，你這個小姑娘，還挺聰明的，我懂妳，要殺魚是吧。然後老闆默默的就把魚拿去處理了。

還有一攤，即將打烊，老闆收攤前大出清，看我「以眼數魚」計算單價，他便再去兩條魚進去，立馬成交。臨走前，用義大利文和老闆說謝謝，還換得老闆的熱情飛吻。

在魚市場你會真正體驗到，人與人之間的溝通交流，真的不需要語言。

享受派的得意之作：
蝸牛香檳馬卡龍！

法式螺肉
5.9 € / 斤

超市香檳
1.2 €

馬卡龍
2 € / 個

成本：9.1€，體驗道地：無價！

精明派的得意之作：
皇宮花園的juicy三明治

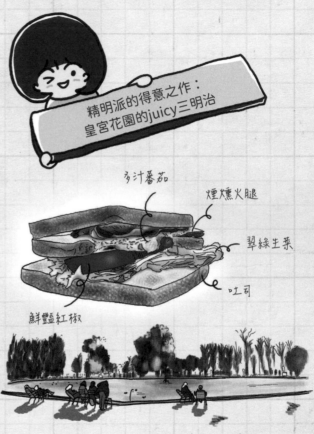

多汁番茄

煙燻火腿

翠綠生菜

吐司

鮮豔紅椒

成本：7€，杜樂莉花園美景：無價！

果媽派的得意之作：
白粥加菜脯

保溫瓶裡裝熱
呼呼的白粥

長湯匙
拿來挖粥

鹹鹹鹹的菜脯

成本：0€，解救思鄉指數：爆表！

她是什麼時候準備長湯匙這種東西的呀？難道她早就有打算要煮粥？

對呀，在這種零下五度的火車裡，吃得一臉幸福樣，感覺好欠揍喔！

CHAPTER

8

林果旅行許願清單

在這一章，要做的事情是……

盡情釋放想像力！

鍛鍊你的超能力！

前面說過，旅行不一定要有很多錢，但一定要有很多目標！

達到多少預算是一種目標，有了目標後，比較知道旅行方向要往哪裡前進。

規劃旅行時，除了預算，我會有張「許願清單」，清單上的事項常常是一些聽起來「不可能實現」的願望，例如：我想免費逛博物館。

最終，願望清單的事項是否實現，並不是最重要的事，但依循「我想要……」的軌跡前進，會有更多體悟和觀察，甚至有時還會有意想不到的驚人發現，簡單來說，有點像「吸引力法則」吧！

這一章想和大家分享我的許願清單，是我的一種探索、冒險的過程，最重要的是，別忘了「用自己喜歡的方式去旅行」。

林果許願清單
想要逛免費博物館！

　　我和果姊都是「博物館控」。只要是博物館，總想前往一窺究竟，逛到鐵腿也甘願。

　　但你是否曾經有類似經驗，某個很想去的博物館，三天後會免費開放，偏偏明天就要離開，只能硬生生錯過、搥胸頓足？這怎麼可以呢！規劃旅行日期時，這些好康日期一定要先掌握，尤其是「免費開放日」、「夜間延長開放日」絕對不能錯過。

　　還記得在規劃城市交通時，我們用的「車票決定法」：哪種天數的車票便宜，我就在這個城市待幾天。套到參觀門票裡，就是「免費決定法」：哪天有免費開放日，我就在哪。

真的有那麼多免費好康嗎？老實說，還真的有耶！

免費親近藝術的機會，對所有人都是福音。所以，規劃行程時，一個城市「該待幾天」交給車票決定；一個城市該「幾號到達」，交給免費開放日決定吧！

不能不知的「免費日」和「延長日」

每國博物館的「休館日」會有「慣性」，同樣的，「免費參觀日」和「延長開放日」也是！要牢記休館日避免撲空，而免費日和延長日則能把「參觀時間」CP值發揮到最大！

掌握規律，就能掌握幸運！

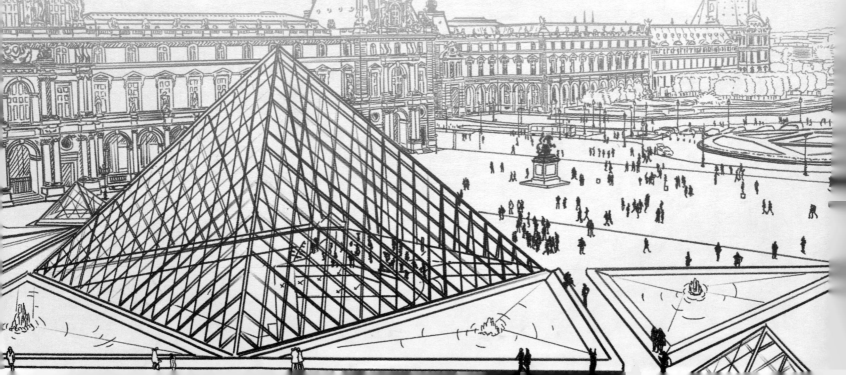

林果精製
博物館免費攻略

巴黎

休館日 週一和週二

延長日 週四：奧賽博物館；每月第一個週五：羅浮宮（免費）、傷兵院

免費好康

- 每月第一個週日免費入場！（部分只有冬季11~3月免費）。
- 由法國發起的「歐洲遺產日」（每年9月第3個週末）幾乎所有博物館免費開放，歐洲眾多國家都有響應參與。
- 巴黎小皇宮常駐展
- 聖心堂
- 巴黎歷史博物館
- 雨果之家
- 康納克傑博物館
- 巴爾札克文學館

阿姆斯特丹

休館日 很特別的城市，大部分博物館是「每日營業」，少數博物館在週一休或週日早上休。

延長日 週三：冬宮阿姆斯特丹分館至八點；週五：梵谷美術館至十點。

免費好康

- 聖尼古拉斯教堂
- 西教堂
- 貝居安會院
- GVB渡輪
- 阿姆斯特丹公共圖書館
- 國立博物館花園
- 大麻學院
- 冬宮博物館庭院

柏林

休館日 週一休；也有無休的博物館。

延長日 週四：佩加蒙博物館、德意志歷史博物館至八點
週六：古根漢美術館至八點，五點後門票隨喜，最低1美元起跳，門票有限建議先線上預約。

免費好康

・2021年7月4日開始，超過60間博物館於每月第一個週日免費入場！（需排隊領票，熱門博物館最好線上預約參觀）
・少數幾間博物館是在週一或週三免費。
・國會大廈與玻璃圓頂（需預約，可線上）。
・猶太人大屠殺紀念柱與地下紀念館。
・柏林圍牆。
・新國家美術館每週四16~20時免費入場。

布拉格

休館日 皇宮全年無休。

延長日 城堡建築群開放至晚上十點；老城區白天和夜晚風情不同，建議可分不同時段欣賞。

免費好康

・布拉格有許多奇怪的「私人博物館」收費頗貴，參觀前最好小心評估。
・布拉格最厲害的博物館就在戶外！老城區廣場、天文鐘、查理大橋，若能好好欣賞，就是參觀免費博物館了！
・泰恩教堂開放時間3~11月週二至週六10~13時和15~17時，無強制購票，但教堂希望參觀者可至少捐獻1歐籌措維護修繕經費。
・持布拉格城堡門票可免費參觀查理大橋博物館。

> 註：大部分歐洲博物館規則：18歲以下免費參觀及長者優惠票（60或65歲），在購票前不妨詳讀售票細則，且隨身攜帶護照、國際學生證以供買票查驗。

維也納

休館日 不統一，每日都有人休館和延長開放，熱門景點大部分週一休，部分景點週二休。

延長日 無

免費好康

- 市級博物館每月第一個週日免費入場！（部分博物館或教堂例外）
- 聖彼得教堂不但免費參觀，每日下午三點還有免費的管風琴演奏可欣賞！
- 六月在多瑙島舉辦三天免費露天嘉年華，現場有許多音樂表演。
- 旅人除了可以參加由維也納市政廳舉辦的免費導覽之外，在夏天別錯過免費的維也納露天電影節，冬天則有聖誕市集，跨年還有跨年活動。
- 不要錯過維也納的花園，美泉宮、美景宮、霍夫堡皇宮花園（現為人民公園）、普拉特公園，這些以前都是皇室花園，現在全部免費開放共享。
- 維也納中央公墓，葬有舒伯特、貝多芬、布拉姆斯、史特勞斯家族等諸多音樂巨匠。

佛羅倫斯

休館日 週一和週三休。

延長日 皮蒂宮：淡季（11~2月）8：55前及週三15時後購票，可享半價優惠。旺季（3~10月）8：55前購票則享有折扣優惠。

烏菲茲美術館：夏季週二晚間開放至21：30（以官網 reurl.cc/qL9YeN每月公告為準）

免費好康

- 全義大利在4月份（通常是第二或第三週）有「文化週」，約持續9日，期間幾乎所有義大利國家文化藝術場所都免費開放，但每年參與館別會有變動。
- 錯過文化週，可別錯過每月第一個週日免費進入公立博物館參觀的機會。包括烏菲茲美術館、學院美術館、梅迪奇教堂博物館、皮蒂宮等重量級巨星都在免費參觀名單上。
- 百花大教堂免費參觀，登頂和洗禮堂才需另付費！
- 4/25、6/2、11/4烏菲茲美術館、皮蒂宮、波波里花園免費開放。
- 留意這些日期：3/17、3/24、6/2、6/23、8/4、8/17、10/11、10/31、11/30，在佛羅倫斯博物館可能有免費參觀機會。
- 有多間梅迪奇家族別墅和景點本身就是免費入場，留意不要在持城市卡時參觀。

如果規劃行程的時候，不管怎麼排，就是沒辦法遇上所有的博物館免費日啊，這時候該怎麼辦？

其實這個問題，當初也是深深困擾著我！就因為想遇上所有的免費日，行程日期一改再改，最後不但行程弄得亂七八糟，自己也很不開心。

最後，我決定不再鑽牛角尖，想出了一個解決的辦法就是——請把免費日「分級」吧！

例如：像巴黎這種「每個月第一個週日免費日」，所涵蓋的博物館不但都很有名，而且數量超級多，無論是好好逛一家門票最貴的，還是挑幾家小的，多衝幾家，都很超值，這樣的日期，就要努力的把行程喬到可以安排進去。反過來，有的免費日可能只是針對某一兩家不怎麼樣的博物館，在不得已的情況下，我就會放棄。

建議大家，對免費日要抱持著「有遇上的話很幸運，沒有遇上的話也很正常」的心態，不然就會像我當初一樣，把自己搞得很煩躁，那就失去旅行的樂趣了呀！

林果許願清單

想要一張卡走透透！

最強卡片大集合！

城市卡戰鬥力分析與迷思破解！

歐洲的各大城市幾乎都有所謂的城市卡或歡迎卡、博物館pass，種類五花八門，可是這些卡真的都很「超值」嗎？

我當初也是比價比到天荒地老、徹夜未眠，最後我自己的結論是：除了「免費」，其餘免談！就是說，如果某張城市卡包含「免費」交通，但參觀門票只有「打折」或是少「幾歐」，那我就會直接把「參觀門票的減免」功能視而不見！因為要一間一間算票價實在太累人，與之相應要付出的時間精神相比不划算！

因為前面我們已經介紹過許多可以省交通費的方式，因此這邊我們著重於如何省「景點門票」的部分，以我經驗，我會將卡片分成三種類型：

★ 不省錢，但可增加「參觀豐富度」的卡片 阿姆斯特丹卡

I amsterdam. city card

reurl.cc/edv2D7

哪裡買

價格 （單位：歐元）

小時	價格	平均一天
24	60	60
48	85	42.5
72	100	33.3
96	115	28.75
120	125	25

阿姆斯特丹的城市卡就跟它的交通費一樣：「不便宜」！它的特性是：基本上買一日卡是回不了本的，買愈多天回本的可能性愈大，但是總價費用高昂！真不愧是海上馬車夫、海上商人，怎麼算都有贏面。

升級後的城市卡，除了包含交通、門票之外，比較吸引我的是「遊船體驗」，持城市卡可乘坐城市運河遊船，還能免費租借24小時黃色腳踏車，用最當地人的方式遊覽城市。價高門票部分則有國立博物館、冬宮博物館、桑斯安斯風車村等。

簡單來說，買卡是省不了多少錢，只求不要賠錢就好，但是參觀豐富度可以提升許多，費用與參觀時間得好好計算安排。

★★ 純粹「省門票」錢的卡片
巴黎博物館卡

哪裡買

小時	價格	平均一天
48	55	27.5
96	70	17.5
144	85	14

價格 （單位：歐元）

　　巴黎博物館卡怎麼用才「超值」？首先必須注意「連續天數」的使用規則，避開可免費參觀的日期、休館日，還要選在有「延長」開放時間的日期，由上表我們得知，巴黎博物館大多休週一、週二，延長日常落在週四、週五，所以如果買48或96時卡，建議可從週三開始使用。最後很重要的是「不要用在大景點」。

　　何謂大型景點？例如：羅浮宮，像這種魔王級大景點，通常會耗去一整天的參觀時間，以48時卡為例，平均一天為27.5歐，但羅浮宮門票才17歐，根本不划算！相反的，若針對「小景點」使用，或是登塔、登頂，一天衝3至4個地方，就能輕鬆回本！

★★ 純粹「省門票」錢的卡片
柏林博物館卡

哪裡買

　　柏林城市卡複雜，分為「只有交通」和「交通+博物館」和「只有博物館」三種，而且依交通範圍和天數，有多種不同組合（德國人真的很龜毛吧！），如果不想傷腦筋，又是博物館狂的話，我比較推薦買純粹的「3日32歐的博物館卡」（2023年價格），平均一天不到11歐，哪怕一天只逛一家博物館島的博物館，也能回本。

★★★ 既含門票，又含交通的神仙級卡片
佛羅倫斯卡

其實佛羅倫斯卡不算便宜，2023年的72小時卡已經漲到85歐，雖然有含交通，但其實有點雞肋，大概對住在郊區的人比較有用，若住老城區裡其實用不太到，因為古蹟區目前已禁止車輛進入，因此老城區的參觀主要以步行為主。

那為什麼被我列為神仙卡片呢？主要是很好回本！

佛羅倫斯各個景點門票都不便宜，因此平均一天只要參觀兩至三個景點即可回本，當然，跟巴黎博物館卡一樣，千萬不要用在像烏菲茲美術館這種魔王級大景點，而是用在像里卡迪宮、梅迪奇家族小聖堂這種小而精緻的景點上比較容易達標。

至於烏菲茲和碧提宮這種大魔王景點，建議可以鎖定義大利的免費參觀日，或是碧提宮的「早鳥、晚鳥票」半價優惠、兩宮聯票等進行參觀，會比較划算。

★★★ 既含門票，又含交通的神仙級卡片
薩爾斯堡卡

價格 （單位：歐元）

小時	淡季價格（11~4月）	平均一天	旺季價格（5~10月）	平均一天
24	28	28	31	31
48	36	18	40	20
72	41	20.5	46	23

如果我手中只有一張超值金牌，只能推薦一張卡片的話，毫無疑問，絕對是頒給「薩爾斯堡卡」！薩爾斯堡卡有多超值？一張卡含交通、含門票、含纜車，重點是：完全不用努力就可輕鬆回本！

莫札特出生地、故居，薩爾斯堡大教堂、要塞、博物館、海爾布倫宮、溫特斯山纜車、要塞纜車……以上景點門票加起來已超過100歐，使用72小時三日卡參觀時間綽綽有餘，暢玩薩爾斯堡三天才花不到臺幣一千五，是不是真的很划算？

城市卡超值不超值，比價步驟

想知道城市卡超不超值，請遵循以下步驟：

STEP1 先搞懂一個城市的交通費規則，有時交通公司有推出吃到飽的日票、週票。交通卡和博物館卡不綁在一起的話，使用起來靈活度較高。

STEP2 列出想參觀景點的門票價格，包括有無免費開放日。

STEP3 詳讀城市卡的優惠內容，是否已「全含」想去的景點，如果沒有的話，要把不包含的門票錢另計。

STEP4 將步驟一和步驟二相加，和步驟三相比，便能知道該不該買卡嘍！

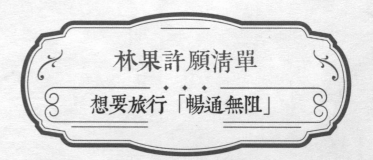

林果許願清單
想要旅行「暢通無阻」

在巴黎，說英文是地雷，說 Bonjour 才得人疼！

在法國旅行，對著法國人可別劈頭就說Excuse me，除了只會得到法國人的白眼和臭臉之外，可不會獲得任何幫助。這可不是法國人驕傲，而是因為你沒有「尊重」當地人與文化！

在《為什麼法國媽媽可以優雅喝咖啡，孩子不哭鬧》裡面提到，法國父母對小孩最重要的教育之一，

就是「禮貌和尊重」，落實到生活中，就是必須逢人問候「你好，謝謝，再見」，如果小孩見人卻沒有打招呼，父母會將之視為極其嚴重的教育問題，晚上是要坐上餐桌，面對面開嚴肅會議的。而這和旅行有什麼關係呢？

初次到法國超市買東西時，我有點震驚。結帳的收銀台櫃員，和「每一個」結帳的客戶先說你好，再說謝謝。是的，每一個。

法國人如此重視「問候」，那麼入境隨俗，無論是問路、買東西，先和善的和對方打招呼，就是一件極其「重要的小事」。不過，可千萬別用「英文」！對著法國人說英文，還覺得對方「理所當然」要聽懂，法國人只會覺得你自大又無禮！

對驕傲的法國人來說，來到法國，先學會用法語說「你好」，是一種「尊重」當地文化的展現，而一個不懂尊重的人，當然也很難令法國人對你尊重起來，畢竟，對法國人來說，他可不會吝於讓你知道他有多討厭你！

我就親眼見證「禮貌打招呼」這回事有多重要。

話說某天到巴士底市集採買時，果媽到一個水果攤前想買草莓，因為果媽被果姊告誡不可以像在臺灣一樣，用手碰水果挑選，所以果媽這位精打細算的小婦人，完全沉浸在她努力用X光眼神，一一掃瞄該買哪一盒草莓時，事情就這麼眼睜睜的在我眼前發生了……

店員看到有客人上門，熱情的上前說早安，無奈果媽的家庭主婦魂太強大，根本沒聽到對方的問候，沒有回應，只見店員的臉一秒臭掉，後退三步，等到果媽挑好草莓，努力呼喚店員想要結帳，他當作一副沒聽到的樣子，旁邊店員也沒有要協助結帳的意思，還真是同仇敵愾呀。在旁邊將前因後果都看在眼裡的我，只好拍拍果媽肩膀，請她放棄這攤的草莓吧。

所以大家說，打招呼有沒有真的很重要？

老實說，在巴黎待久了，會慢慢愛上這種打招呼的習慣，它讓人覺得人與人之間不再那麼冷漠，如果再加上一個微笑就更完美了，而這一切只需要透過

簡單的兩個字「你好」，或是「早安」，想想覺得還真是不可思議。想像A是兩人擦身而過，尷尬的將眼神默默轉開，B是走在路上，大家都親切的互相道早安、微笑。你比較喜歡哪一種生活呢？

有鑑於「草莓事件」的重大，於是我們學會在移動到下一個城市前，就會開始教果媽新城市新國度的「你好、謝謝」。其實語言的發音，對於進入新國度也有幫助，法文的吳儂軟語，德文的硬式發音，義大利文的隨興熱情，帶點小小的可愛疑惑感，讓人立馬深刻感受文化的差異。

法國人是真的驕傲，但我覺得他們這種驕傲我很認同，以至於現在的我，在臺灣路上若遇到外國人，對方不先用中文問候，劈頭就是一串英文，覺得我應該理所當然要聽得懂的話……嗯，我會努力練習「法式白眼」的！不過反之，若對方先用中文對我說「你好」，我定會展現臺灣人的熱情，加倍親切協助幫忙！

謝謝 Merci
請 S'il vous plait
你好 Bonjour
再見 Au revoir

學起來，
溝通更順暢

在威尼斯聊「美食」，一秒變麻吉！

想和義大利人一秒變朋友？那就和他聊美食！

話說入住威尼斯時，房東來車站接我們，步行路途有點長，一路上不講話實在有點小尷尬，於是我把握時間詢問，沒想到威尼斯男房東馬上笑顏逐開，還

熱情的帶我到各個餐廳門口，告訴我是哪一家，當時房東手上可是提著我們一家三口的行李大包包啊！等到達民宿時，他的手都被行李勒出一條條紅痕！

還有在荷蘭時，也是趁聊天時，問房東去哪裡吃道地的「生吞鯡魚」，她大概覺得我很愛吃吧，所以立馬向我提議，要煮一頓道地的「荷蘭菜」給我吃！哇，這真是超夢幻的大收獲。更別說後來住在一起幾天後，培養出來的好情感。

有機會碰到外國人，想要聊天時，抓破頭不知該聊什麼話題的時候，不妨聊聊有關「美食」的問題吧！美食、美酒，真是很難令人不興奮激動、熱情起來！

走透透無敵手：分享家鄉美食＆特色食物

行李中的預備乾糧，諸如泡麵、茶包、糖果、餅乾等等，除了拿來吃，其實也是很好的「文化伴手禮」，外國人看都沒看過的異國文化美食，更是打開話匣子、交流文化的好引子。

在荷蘭時與房東同住，有一天晚上我們一起煮飯，交流彼此的家鄉菜，我們突然想到，行李中有豆干、麵茶，趕緊拿出來與他們分享，沒想到他們對「麵茶」讚許有佳，還說這是「baby food」，好吃又方便。至於豆干就沒這麼順利了，因為比較硬，他們以為泡進紅茶可以變軟，但是也沒有，所以一頭霧水，不知道到底該怎麼吃，經過我們解釋說是要慢慢嚼，愈嚼愈香之後才明白。而我也趁機反問，房間桌上的「黑黑的軟糖」是什麼？後來才曉得，那是荷蘭的甘草糖，但就像臺灣的臭豆腐一樣，本地人超愛，但外國人不一定吃得慣就是了，都是拿來測試外國朋友反應的好玩食物。

藉由食物，開啟話題，迅速拉近彼此距離，相信很難有人可以拒絕的喔！

你是哪種人？

不管在幾歲時實現「歐洲旅行夢」，相信它都會成為你一生最寶貴、最美的回憶，甚至影響許多人生的價值觀、世界觀。

前面我一直都在分享「如何聰明做規劃」、「如何聰明消費」，其實旅行後，我有個很大的心得就是：規劃旅程的第一步，最重要的是「認清自己是哪種人」？更正確的說，應該是「你現在是哪種人」？是想探好奇世界的學生？還是想從繁重工作壓力中暫時抽離的上班族？還是單純想要認識世界認識自己的背包客？

旅行的方式百百種，但追根究柢，旅行不外乎就是「時間與金錢」的拔河，在人生的哪個階段，會影響這場拔河比賽的結果，沒有對錯好壞，只有「適合」自己，那才是最棒的旅程。

綜合「時間與金錢」，我歸納出以下四種類型：有錢無閒、少錢有閒、少錢少閒、有錢有閒。結合了前面章節設計出「旅行風格VS預算」不同的四種人，希望可以把規劃的第一步──認清自己是哪種人，更具體化、簡單化、有趣化。

這裡面提供的花費、數字預算，有我自己親身體驗經歷過的，也有親朋好友的經歷，雖然無法百分之百神準，只是提供做為簡單的參考，希望能夠讓你更有勇氣和目標，規劃專屬自己的旅行。只要有夢，都該努力去實現，因為旅行不只讓你認識世界，也會讓你更加認識自己！

如果你是短假期的有錢無閒人 ➩ 1
如果你是長假期的少錢有閒人 ➩ 2
如果你是短假期的少錢少閒人 ➩ 3
如果你是都可以的有錢有閒人 ➩ 4

1 適合短假期的有錢無閒人	2 適合長假期的少錢有閒人	3 適合短假期的少錢少閒人	4 都可以的有錢有閒人
特質 你是個事業有成的社會人士，可能是公司的老闆，也可能是下屬的主管，每天忙得不可開交，可是偶爾抬頭看看窗外，你真想關掉手機、關掉壓力，暫時逃離一切，給自己一個美妙的假期……	你是一個自由的學生或是轉職中，暫時失業的社會人士，有一點小小的積蓄，錢不多，但你一直很想走出去，再多看看這個世界、了解這個世界……	你只是一個小小的上班族，每年有7天的年假，上班打卡制，下班責任制，每天忙得早出晚歸，賺的不多，但你的心中一直有個歐洲夢……	你是個有錢有閒的自由人，物質享受不是你追求的目標，你渴望的是與世界的對話、體驗，以及充滿冒險犯難的精神
旅行風格 享樂主義者、奢華一下、時尚、藝術的都市精華遊，預計約4～5國	省到最高點、按照計畫預計環歐約7～8國	追夢圓夢者、安全第一預計約2～3國簡單旅行	體驗主義者、隨興之至隨著命運和便宜票來決定，自己流浪幾國
旅行態度 直搗黃龍、快速來去，把短假發揮最大值！	努力做功課，提前預訂，假期拉長，省到最高點！	小小的、安全的，一趟圓夢的浪漫歐洲之旅！	不怕苦、不怕難、不在乎錢，只在乎……體驗最無價！
旅行時間 10天至2個禮拜	3個月	10天至2個禮拜	3個月

	1 適合短假期的有錢無閒人	2 適合長假期的少錢有閒人	3 適合短假期的少錢少閒人	4 都可以的有錢有閒人
準備方式	錢能解決的事情，就不要浪費我的時間了，我的時間可是一秒幾十萬上下，訂票、訂房，全部叫助理處理就好了！ 勞累度：★ 性價比：★★	提前約6～8個月，每天花個3～4小時做功課，把所有能夠省錢的因素記下來，儘量將旅行的日期與每個省錢祕方做配合！除了做功課，還需花許多時間設計路線、學習網頁買票操作、查詢便宜車票。 勞累度：★★★★ 性價比：★★★★	每當工作疲乏的時候，我最喜歡到書店購買各式各樣的旅行書，就算只是翻一翻書，就好像我已經真的在旅行了一樣，每天看一點、做一點功課，等到哪一天，真的要出發的時候，我隨時就可以出發了！ 勞累度：★ 性價比：★★★	我最懶得做功課了，事先寫信給沙發衝浪上面的人，詢問是否可以借宿，雖然有點麻煩，不過為了寶貴的體驗我還是願意先做準備，大概出發前一個月再寄信就可以了。 勞累度：★★ 性價比：★★★
飛行方式	隨時隨地可以出發的「直飛」來回機票，時間就是金錢，我喜歡有效率的事物、快速的移動！ 勞累度：★ 性價比：★★★ 飛行時間：來回共2天 預算：50,000	拚命上網搜尋特價機票，可以全力配合機票的各項規定，不限定直飛或轉機，有時會有意料之外的優惠從天而降！ 勞累度：★★★ 性價比：★★★ 飛行時間：來回共3～4天 預算：25,000	提早請假，提早託旅行社購買機票，市面上一般價格的機票。 勞累度：★★ 性價比：★★ 飛行時間：來回共3～4天 預算：30,000	沒有目的地也沒有預算限制，只想嘗試看看所謂的「跳蚤式」玩法，上網搜尋便宜的機票，哪裡有便宜票便飛去哪，看看到時候命運會帶我到哪裡去！ 勞累度：★★★★★ 性價比：★★ 飛行時間：不一定 預算：40,000

	1 適合短假期的有錢無閒人	2 適合長假期的少錢有閒人	3 適合短假期的少錢少閒人	4 都可以的有錢有閒人
住宿方式	早就想體驗看看各國有名的星級飯店，開開眼界，什麼叫做頂級的奢華享受！ 勞累度：★ 性價比：★★★ 安全度：★★★★★ 預算：140,000元/14天 平均：10,000元/天	以省錢為主，住宿以青年旅館、網站airbnb的便宜公寓為大宗，偶爾當當沙發客。 勞累度：★★★★ 性價比：★★★★★ 安全度：★★★ 預算：80,000元/90天 平均：888元/天	第一次到歐洲旅行，還是以安全為重，選擇二星到三星的便宜住宿旅館，上booking.com或是HRS網站訂房和比價，兼顧安全與預算。 勞累度：★★ 性價比：★★★ 安全度：★★★★ 預算：42,000元/14天 平均：3000元/天	利用沙發衝浪的免費住宿，拓展自己認識當地、認識朋友的機會。 勞累度：★★★★★ 性價比：★★★★★ 安全度：★ 預算：0元/90天 平均：0元/天
交通方式	我最怕麻煩了，也沒有時間做功課，叫助理幫我買好最方便的33國火車通票，想去哪裡就去哪裡，完全不用擔心。 勞累度：★ 性價比：★ 預算：23,000元/14天	提前做好功課，在搭車日期前三個月開始上網購票，整趟旅程照預定計畫走，火車和歐洲巴士交互使用，雖然要花很多時間查詢，旅行彈性也較小，但真的省了不少錢喔！ 勞累度：★★★★★ 性價比：★★★★★ 預算：10,000元/90天	只買預計要去的2～3國火車通票，省下不少做功課時間，也增加旅遊彈性。 勞累度：★ 性價比：★★ 預算：14,000元/14天	搭便車衝浪，付少少油錢還能和車主聊天，當個「歐洲背包客」，衝衝衝～～ 勞累度：★★★★★ 性價比：★★ 預算：15,000元/90天

	1 適合短假期的有錢無閒人	2 適合長假期的少錢有閒人	3 適合短假期的少錢少閒人	4 都可以的有錢有閒人
吃飯方式	各國有名的米其林三星餐廳，一定要品嚐一下，至於路邊攤，就等下次有機會再說吧！ 勞累度：★ 性價比：★★★ 預算：100,000元/14天	住宿時專挑有廚房的房子，發揮最大的功能了，除了當地的道地小吃必嚐，上各國的菜市場買菜回家自己煮，哇，真的省了好多錢喔！ 勞累度：★★★ 性價比：★★★★★ 預算：10,000元/90天	因為住在飯店，所以沒有廚房，有時吃飯店的早餐，午餐和晚餐就用三明治解決，偶爾吃吃有名的館子，品嚐一下當地的餐廳，或是利用當地「自助餐」式餐廳，吃得便宜又多元！ 勞累度：★ 性價比：★★ 預算：30,000元/14天	接待我的沙發主人都很熱情好客，甚至有人不只提供住宿，更大方的與我分享冰箱和食物櫃，我也禮尚往來的去超市買些簡單食材，露兩手，煮幾道中式料理回饋主人，對方也很高興，我們邊吃邊聊，真是最棒的交流了！ 勞累度：★ 性價比：★★★ 預算：15,000元/90天
旅行預算	313,000元/14天 勞累度：★ 安全度：★★★★★ 去幾國：4國 性價比：★★ 收穫：每國做重點旅遊，享受奢華，開了眼界，目的達成！	125,000元/90天 勞累度：★★★★ 安全度：★★ 去幾國：7國 性價比：★★★★ 收穫：花最多時間做功課，但在省錢和安全度中間取得最棒的平衡，該玩該吃的都看到、嚐到了，藉由準備過程、實際操作、實現，而獲得很棒成長的旅行！看到更寬廣的世界！	116,000元/14天 勞累度：★★ 安全度：★★★ 去幾國：3國 性價比：★★★ 收穫：在自己所能負擔的預算內，達成了小小的歐洲旅行夢想，花較少量的時間做功課，卻能省下一定比例的金額，旅行安全度、品質也很滿意，美夢成真！	70,000元/90天 勞累度：★★★★★ 安全度：★ 去幾國：10國以上 性價比：★★★★ 收穫：超級疲累，但超級滿足，不但認識了各式各樣的人、各國人種、各種階級，也真的實地深入當地，了解當地文化與人們，是一個充滿刺激的大大冒險旅程！

旅行之道，人生之道

大學畢業的沖繩之旅，是我給自己的畢業禮物，也是我人生第一次自助旅行。

不會日語，不曾單獨出國，家人擔心安全，自己也忐忑，但我還是決定出發。因為我想，如果在語言不通、人生地不熟的國外，都能克服一切困難與挑戰，未來進入社會，是不是也能更勇敢的面對未知的一切？

踏入旅行新手村的我，戴上特有的「美化旅行濾鏡」，看什麼都新鮮，吃什麼都好吃，不懂做功課的眉角，常走冤枉路，為了小問題糾結。因為青澀，連埋怨抱怨都不會，所以也成了最純粹的旅行回憶。

隨著經驗增加，愈來愈大膽。遇過第一天入住，民宿水管爆管，行李淹壞，學會危機處理，和房東談判。學會和當地人交流，尋訪旅行書上沒寫的祕境，發現專屬自己的風景和故事。

周而復始，然後開始有些「膩」。

找資料，規劃，出發，吃東西，拍照。偶爾旅途中的小意外，為回憶點綴幾筆小驚喜，卻無法引起更多的激情。旅行就這樣了嗎？只能是這樣嗎？為了不讓「旅行」的樂趣死在千篇一律的規律中，我決定讓旅行「升級」。

不知道怎麼選擇時，就挑最難的路走：去歐洲，而且限制預算。

從文化上來說，從東方到西方是兩個完全不同的體系和價值觀。從時間上來說，從十多天的小旅行拉長到90天的長期抗戰。從預算上來說，不再有多少花多少，而是「只能花多少」。從意義上來說，這不只是一趟旅行，更像一場「實驗」，研究歐洲旅行到底貴不貴的命題。

歐洲之旅升級了我的旅行模式，也升級了我的人生模式。是我人生中的一次大跳躍。

　　它讓我學會不要只想著「不可能」，而是要將「可能」的方法找出來；因為「不可能」不會讓人生更美好，但「可能」可以。

　　從此，旅行對我而言不再只是吃喝玩樂，而是觀察世界、了解自己的一扇窗，也讓我認識到自己的渺小，歐洲之旅能平安且順利完成，必須感謝觀世音菩薩與眾神明護佑。

　　旅行之道，人生之道。

　　因為人生就是一場最寶貴的旅行。

我和果姊是標準的「博物館狂」，只要是博物館必逛，且每逛必「失心瘋」的待上一整天！

這可苦了老媽，因為她對藝術品沒興趣，對她而言，這樣的行程，套句她常說的：簡直無聊到了頭！

不過，後來我們發現，果媽對博物館的外面，比對裡面的展品，興趣還大……

某天，在羅浮宮外……

這就是有名的羅浮宮，當年呀，這些玻璃金字塔……

架勢害喔～

我滔滔不絕的說故事～

今天時間已經晚了，改天再進去吧！

果姊負責控制每天行程

不過，果媽關心的不是博物館的歷史，而是……

傻眼

你這樣會感冒吧？

快把衣服穿上啦～

幫我拍照！

迅速

已經擺好pose!

快幫她拍啦她不會死心的～

被丟在一旁的大衣……

深秋的巴黎，氣溫只有十幾度，果媽為了照相居然把禦寒的大衣脫了，真是愛美不怕流鼻水！接著，老媽看到旁邊有外國人站在水泥墩上扮雕像，瞬間也站上水泥墩，搞起怪來！

學外國人擺pose～

嚓嚓！

嚓嚓！

是這樣比嗎？

接著，在果姊的吆喝下，果媽在羅浮宮前徹底的解放了……

跳高一點～

搞 high 老媽高手！

好～很好～

嗯喝～

嗄嚓～

這兩個人……
已經徹底失去控制了……

以至於回國後，所有的博物館中，果媽印象最深刻的，就是羅浮宮，不過不是因為蒙娜麗莎，而是因為……

啊那個在羅浮宮前面跳躍的，記得幫我洗一張照片～我要拿去給我同事看

居然還記得羅浮宮的名字……

喔，好！

煮飯之餘不忘跑出來吩咐

所以之後，我們改變了方式……

蒙娜麗莎

勝利女神！

嗄嚓！

裝氣質中…

嗄嚓！

我們採取的方式就是：先和果媽一起把館內的精華展品全走過一遍，幫她拍照，羅浮宮非常的大，就算只看重點，也得花上半天至一天時間。接著，把果媽送回宿舍，一起吃晚餐、休息一下後(年輕人腳也很痠)，果媽在家中休息，儲存隔天遊玩的體力，我和果姊則繼續衝博物館，看我們愛的畫！

一開始，果媽對博物館一點興趣也沒有，著實讓我們頭痛不已，因為我們不想放棄觀賞藝術品的機會，卻也不忍心讓果媽覺得這趟旅程無趣且疲累，還好後來找到大家都能玩得開心的方法！和不一樣的人旅行，會面對不一樣的問題，動動腦，想個兩全其美的辦法，就會成為旅行獨一無二的回憶與魅力喔！

CHAPTER

9

不可不知

在這一章，要做的事情有……

· 了解各國詐騙手法

· 準備好應對策略！

· 了解退稅門檻！

不可不知──國外旅人救難電話

臺灣外交部設有「旅外國人急難全球免付費救助專線」電話 800 - 0885 – 0885（諧音「你幫幫我、你幫幫我」），目前適用於22個國家。該專線可以當地申請之行動電話門號、公共電話或市話方式撥打；倘以國內行動電話門號撥打，則須另自付國際漫遊電話費用，是所有旅行國人不可不知的求救電話。

外交部領事局 APP 服務下載

時代在進步，政府當然也要跟著進步嘍！

上「外交部領事事務局」網站，免費下載「旅外救助指南（Travel Emergency Guidance）」APP，只要用手機就可以隨時得知想要前往的國家基本資料、旅遊警示、遺失護照處理程序、簽證以及駐外館處緊急聯絡電話號碼等資訊。

外交部各國駐地代表

為了防止手機沒電、被扒、遺失、沒網路，可把旅行國家列表，將各國外交使館電話、地址、聯絡資料整理成表格，印一份紙本資料攜帶，緊急情況發生時才不會慌張！

護照、信用卡該放哪？

出門時，護照、信用卡該放在飯店嗎？

除非你住五星級飯店，否則住青旅或民宿的話，建議還是將護照、信用卡隨身攜帶較安全，尤其是在治安不好的區域。

不過隨身攜帶請「不要放在背包裡」，因為那是扒手下手的最大目標，建議可以去買一種「防搶腰袋」，它是用很薄的棉布做成的小腰袋，把護照、信用卡等貴重物品放腰袋

中，藏在褲子裡，再用衣服蓋住，儘量貼身，安全度高於任何地方。

　　隨身攜帶護照還有個好處，就是買門票的時候，若有青年、長者優惠票，就可馬上出示護照購買。

大額現金藏哪裡？

策略 1	錢包只放「1日花費預算」
策略 2	其餘現金放「防搶腰袋」中
策略 3	若有旅伴同行，一人負責錢包，一人負責「防搶腰袋」
策略 4	錢包不要放背包，應放外套內層暗口袋

　　一般最容易被扒手得手的高危險地方，就是外側口袋、褲子口袋、後背包、手提袋等地方，所以貴重物品、現金要避免放在這些地方。冬天旅行時，穿著有裡層暗口袋的外套，夏天旅行時，可選有暗層的背包（貼在自己的後背處），都是很好的防扒神器。

掏錢、付帳時，要分工合作

　　買東西時，掏出錢包、付錢時也是危險的時刻之一！如果是一人旅行的話，此時要「先管錢，再管貨」，先把錢算對、點對，好好鎖進錢包、放到安全的地方後，再去清點買的東西，不要同時進行，容易手忙腳亂。

　　如果有旅伴同行的話，可以分工合作是最好的。像我比較專注謹慎，就只負責管好錢包，果姊比較機靈、動作又快，她負責打包貨物。

　　管錢包的人什麼都不管，只負責給錢收錢，但要仔細「審查」：1.錢找得對不對，2.把錢好好的收進錢包，3.把錢包收回外套內的暗袋，並且把拉鍊拉上。

　　這些動作一氣呵成後，再去幫忙別的事，換言之，結帳的時候我最大，什麼都不用理，只要顧好錢包即可。

　　而果姊的角色可就忙了，她要點清買的車票張數對不對，或是趕緊把超市結好帳的一大堆食品裝袋、

收好，趁著我還在忙著數錢，完全不理其他事情，呈現「零動能」時，趕緊護著我或拉著我站到一旁，免得擋住別人的路，並且擋在我身前，避免有人突然伸手把我的錢包搶走。直到我收好錢包「回魂」之後，兩個人的「警報」才算解除，提著大袋小袋購買的食品，快樂的回家！

不過買個東西而已，有這麼嚴重嗎？

出門在外，什麼事都有可能發生，與其不幸發生之後，花時間和精神找錢包、報案、生氣、緊張、懊悔損失，不如事前注意，多點警覺，避免不必要的損失。

大概是有這樣的機制和警覺，我們的歐洲之旅雖然也和扒手、騙子過了幾次招，但還好都能「零損失」的全身而退，成功「完封」對手！

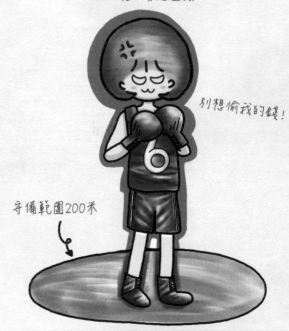

走在國外的街道上時
心理的狀態其實是這樣的！

別想偷我的錢！

守備範圍200米

最容易被扒手盯上的地方

相對於亞洲，歐洲各國人種複雜，也使扒手、搶案猖獗，加上生活文化相異，該如何防範，才能快樂出門、平安回家呢？

以下是一些歐洲旅行常見的詐騙手法，以及容易被扒手盯上的地點，行經這些地方時，務必請提高警覺：

熱門觀光景點的廣場

一般我們的觀念都是認為，在愈熱鬧、愈著名的景點上，人來人往那麼多觀光客的地方，應該比較不危險吧？

其實不然！在歐洲，當地著名的景點，例如：米蘭大教堂廣場、巴黎蒙馬特廣場步行街、羅浮宮廣場，都是扒手、詐騙最常出沒的地方。

1. 鴿子幫：歐洲大廣場上常有一堆可愛鴿子，只要你一停下來拍照或逗鴿子玩，便會有人靠近，拿著飼料遞給你，口中一邊說：「free~ free~」，等你拿了之後，卻向你索取高價。

2. 幸運繩幫：常出沒地點是巴黎蒙馬特觀光步行街，當你走在街上，會有人示意要幫你綁在手腕上，口中一邊說：「free~ free~」，綁上後再以「藝術是無價的」跟你索取天價。

3. 玫瑰花幫：賣玫瑰花的小女孩，下手對象大多針對一男一女的情侶，女伴當前，利用「男方如果不買朵花送給女伴，似乎有點小氣」的心理，而以此索取不合理的價格。但我一人單獨行動時也有遇見，明明事先已有警覺，但看著對方金髮碧眼的小女孩，心裡想她應該个是吧……直到收下花朵，對方跟我要錢，才真的確定：啊，這真的是詐騙。還好當時我強勢將花還給她，她沒有對我怎樣就走了……

只要是路上陌生人，無緣無故遞給你東西，還邊說free的，千萬不要拿，但也不用害怕，只要以堅定的態度說「NO」，然後快步走開就可以了。

火車站、地鐵站是扒手大本營！

在臺灣，火車站和捷運站是讓人感到明亮、安全的地方，但在歐洲，剛好相反。

拖著大行李，在機場車站、捷運、火車站行動時，就是最容易被扒手盯上的目標，因為你的大行李和東方臉孔，早就洩露你觀光客的身份。

我遇過兩次扒手，都是在火車站，而且都是3人團伙作案。一次是三個女生好意幫我搬行李，一次是像一家三口，金髮碧眼的女兒好心要幫我搬行李上火車。我最後總結出他們幾個行動特徵，請大家在火車站、地鐵站遇見同樣狀況時，要馬上提高警覺！

為什麼扒手通常是「女孩子」呢？

這不是因為女生比較壞，而是對方利用對「女性」會降低我們防備的心理。而且當你拖著「大行李」時，一個「女孩子」來幫你，你的第一想法會是「她力氣也不大，我們一起搬吧！」，這時你的注意力就會放在一起搬行李上，而忽略了後背包，而且她們專門喜歡挑選「過地鐵閘口」、「上地鐵車廂」、

「上火車車廂」，這種有「洞口」、「閘口」，行動有所限制的時候下手，因為這樣一來，你會把注意力放在「努力不讓行李被洞口卡住，想要順利通過」的事情上面，而忽略了背後的背包是否被開啟的異樣感。

相反的，如果今天是一位「成年的男士」，看起來身強體壯、人高馬大，提議要give you a hand，幫你抬行李，你的心裡會怎麼想？一定是「哇，太好了，他看起力氣很大，一個人搬應該也沒問題。」所以你會充滿感謝的站在一旁，享受這位紳士的服務，而不是手忙腳亂的一起幫忙，這時要對你的背包下手偷竊當然是難度較高的。

為什麼真幫忙在「下車」，假幫忙在「上車」時發生呢？這和歐洲的火車站管理方式有很大的關係，因為歐洲火車站不像臺灣，我們是刷票後才能進月台，但歐洲是上車後由車掌驗票，簡單來說，就是歐洲火車月台是開放空間，誰都能進去。因此，火車月台就成了扒手的最佳下手地點。

試想，剛上火車，大家都急著找自己的座位、放行李，自顧不暇，哪還有多餘的心思去幫別人呢？反過來，準備下車時提出要幫忙的男士，對方是乘客（扒手是不會買車票上車的）所以共乘旅客可信度是高的，再來「下車」代表到達目的地，心情比較輕鬆愉快，你們不是搶座位的敵人，這時候適時的伸手幫點小忙，展現一下自己的紳士風度又有何不可呢？

有人會問：「難道都沒有女生是真的幫忙嗎？」

老實說，我還真的沒有遇過女生「真的」要幫我搬行李的，我自己推測可能是環境與文化的關係，在西方文化中，女士是受男士服務的，而不是「去服務」別人的，所以這種「體力活」的事情還是交給男性吧！但我遇到不少熱心好心的女士為我指路，或是告訴我火車站廣播的內容，主動提醒我在哪一站下車、轉車。

真的幫忙	假的幫忙
成人男士	年輕女生
一個人	一群人 （通常3個人）
會「站在你面前」、 「一個人獨立完成」	會和你「擠來擠去」、 「和你一起抬行李」
在「下車」時 「幫你抬下車」	在「上車」時 「幫你抬上車」

把這幾點綜合起來看，可以得到下面組合：

OK 真的幫忙	NO 假的幫忙
一個人、男士、下車時、一個人幫你抬行李。	一群人、女生、上車時、一個人抬行李，其他人在背後準備下手。

背包別放貴重物品

其實除了了解扒手的心理與手法之外，最根本直接的方法就是──不要放任何貴重物品在後背包！

因為後背包、手提袋都是扒手的主力目標。

舉凡護照、信用卡、證件、金錢，應該去買一個防搶腰袋、防搶背袋，貼身藏在衣服裡，冬天旅行就完全不用擔心被偷，只在血拼試穿衣服時，提高警覺即可。在夏天時，可將它塞到褲子裡面，再用長 T 恤蓋住，也比放在背包和提袋安全。畢竟後背包防不勝防，想杜絕被偷的可能，最好的辦法還是貼身藏起來！

被圍住或飛車搶奪包包時，不要不放手

如果你已將貴重物品、證件、現金貼身藏衣服裡了，這時如果不幸遇上「搶奪」歹徒，就放手讓他搶吧！

因為扒手的心理是只想偷東西，不想惹麻煩，至少有點「偷偷摸摸」、「這家不成再找下家」的成份存在，而「搶劫」是抱著某種決心和行動力的行為，它的危險度、攻擊力相當高，是「不成功便成仁」的可怕決心，如果被搶人死拉著包包不放，很可能會轉而攻擊被害人，例如砍斷拉著包包的手、開槍，如果對方有使用摩托車等交通工具的話，可能還會被拖行數公尺，造成嚴重的傷害。

所以不要把貴重物品放在背包、提袋，除了防扒，在遇到被搶的時刻，也可以降低自己的危險與損失。

這才是正確的應對法則！

① 事先做好防範，不放貴重物品在後背包。
② 被搶當下先保護自己的人身安全。
③ 事後趕緊到當地警察局報案。

治安欠佳區，別讓相機離開手上

　　既然是旅行，當然免不了拍照，不過在治安不好的區域，盡量少使用腳架拍照，因為很有可能不知從哪裡衝出來的小偷，會搬走你的相機就跑，也不要輕易地把相機、手機交給路人拍照，因為對方很可能拿了就跑，準備一支自拍棒會是安全又方便的選擇。

　　另外，在許多著名的觀光景點，會有街頭藝人扮演的各種角色、古代人物，這時最好先問清楚是否需要拍照費用再拍，另外盡量避免和「一群」角色拍照，因為極有可能事先說好的價格（例如一次5歐），最後變成，每個人都要給（5歐），當然更惡劣的是，事先和你說了一個價錢，事後又向你勒索另一個價錢，這時因為相機在別人手上，或是因為一群人圍著你，為了安全，最後演變成不得不花錢了事。而給錢的時候，也盡量以給「零錢」為主，不然一張大額鈔票出去，很可能就有去無回嘍！

已退役の小白，
陪我走過，
人生一段很重要の時.

那段几乎只有旅行的時，
改變了我接下來的人生.

它為我留下了所有見證.

小心問路人，還有假警察

　　個人認為所有的詐騙手法，就這種「假警察」最恐怖，因為基本上前面幾種，只要秉持著小心、謹慎、不碰不買的態度之下，大多都可避開陷阱，不過扮演「假警察」的人，不但會主動接近你，還會亂扣罪名給你，在人生地不熟的國外，我們很容易就慌了手腳，不過只要大家冷靜思考判斷應對，還是可以全身而退。

一開始，會有一人假裝來和你問路、拍照，找各種藉口接近你，和你攀談，接著另一個假警察登場，原本接近你的人可能因為販毒、偷竊等各種理由被抓住盤查，或更糟，已經溜得不見人影，而剛剛還在和他交談的你，理所當然的被當成共犯或是交易的人，語言不通又人生地不熟，這時的你一定很慌張，所以當假警察要你交出護照、錢包等提供檢查證明你的清白時，你便會急忙掏出，證明自己只是個普通的觀光客，只要你一掏出護照和錢包，這些東西便有去無回了！

盲點 1 為什麼外國人會向一個亞洲人問路，你在國內時，會向一個金髮碧眼，看起來就知道是外國人的人問路嗎？

盲點 2 如果他真的是警察，為什麼不去追逃跑的嫌犯，而是盤查看起來就是外國人面孔的觀光客？

這時候，你可以假裝聽不懂英文，態度堅定的要求到警察局尋求中文翻譯的幫忙，或是表明你知道駐當地的臺灣代表處，要求請代表處的人出面翻譯、協調，千萬不要傻傻的對方要求什麼就照著做，應該是「質疑對方」、「提出要求」、「尋找求助」。

購物退稅

「如果我不是購物狂或名牌狂，也會買到退稅嗎？」

答案：是的！只要懂得其中技巧，你就可以退到稅！

購物前，先看店門是否有貼「tax free」的標誌，或是直接詢問店員是否免稅，購物時，儘量在大城市購買，並且和同行友人儘量一起在同一家店、同一天一起購物，更別忘了記得隨身攜帶護照以便檢查。

不過各國規定購物滿額退稅的金額不一樣，搞清楚規則才能買得開心也退得開心！

退稅共同規則

1 同一家商店、同一天之內購物達到規定金額可辦理退稅。

2 顧客需在店裡出示護照。

3 店家需提供發票明細單、退稅單、信封。

4 發票明細單或退稅單需蓋店章或店員簽名。

5 單子上需用英文填入顧客名字、地址、護照號碼、簽名。

6 可以在離境的歐盟國家統一退稅。

各國退稅金額標準

國家	買多少金額可辦理退稅
德國	25歐元/6.1~14.5%
荷蘭	50歐元/7.8~16%
葡萄牙	61.5歐元/12~15%

國家	買多少金額可辦理退稅
奧地利	75歐元/10.5~15%
捷克	2001克朗/11.3~17%
西班牙	無門檻/10.4~15.7%
希臘	50歐元/8.7~16.7%
比利時	50歐元/7.8~15.5%
義大利	155歐元/11.6~15.5%
法國	175歐元/12%
匈牙利	54001福林（約167歐元）/13.5~19%
瑞士	300瑞士法郎（約265歐）/3.8~6%

退稅流程

購物時

1 帶護照。

2 結完帳，檢查退稅單上的個人資料、金額是否正確。

3 儘量不要在小城市購物，小城市的退稅單無法在機場領取現金，要拿到原店領取。

4 檢查店員發票、退稅單、護照有無歸還。

到機場前

1️⃣ 把退稅單上的物品集中在一個行李箱。

2️⃣ 事先填好退稅單上的資料。

3️⃣ 歐洲的免稅系統公司有分2~3家,在機場退稅的窗口都不一樣,所以退稅單也先分類好。

4️⃣ 計算出各家退稅公司應退多少金額,以免現場緊張又混亂,也不知對方是否退回正確金額。

到機場時

1️⃣ 先去check in、辦行李托運。

2️⃣ 告知櫃姐哪個行李箱是要拿去退稅處檢查的。

3️⃣ 櫃姐會將貼好「行李條」的行李退出來給你,其餘的行李直接被櫃台收走。

4️⃣ 帶著退稅單和行李箱至海關處。

5️⃣ 海關人員會一一在退稅單上蓋章。

6️⃣ 海關抽檢行李。(海關有時候會叫你開行李箱檢查,有時不會,無論有沒有檢查,完成後,行李會由海關收走托運。)

7️⃣ 拿著蓋好章的退稅單,到退錢的窗口排隊。

(通常Global Blue公司在海關台附近有退錢櫃台,而Premier TAX入關後找一個橘色的櫃台退錢,不過各國情況或許不同,最保險的是可以詢問一下服務櫃台的人員。)

手提物品退稅

1️⃣ 不托運的貴重物品,可以提在手上。先完成以上步驟,先處理完要托運的免稅物品,再拿著登機證、護照,檢查入關後,裡面還有一個小海關處。

2️⃣ 去小海關處給他退稅單和手提物品提供檢查、蓋章。

3️⃣ 蓋完章提著你的物品,去退錢的櫃台領錢,一樣有分兩家退稅公司。

退稅注意事項——作者經驗談

1️⃣ 一定要提早到機場!

退稅可能會有大排長龍的狀況,如果遇上前面有一批旅行團的話,更是會大排長龍。建議至少要提早4小時(原本搭機就要提前2小時+跑退稅流程2小時)比較保險。

2️⃣ 儘量選擇在退錢櫃台的營業時間到機場,因為如果在營業時間外只能選擇利用信用卡退稅,單子上須寫上你的信用卡號,然後將海關蓋好章的退稅單用信封寄出,這時在購物時索取的信封就派上用場了!但是用信用卡退稅問題多,很多人不是沒收到,就是金額短少,可以的話,還是儘量用現金退稅會較保險。

3 海關人員可是擁有是否能夠退稅成功的生殺大權，所以無論對方臉多臭，保持微笑和禮貌，先主動打招呼，説個哈囉、早，都可能為你避免麻煩和刁難。

4 不同的退稅公司的單子，先分門別類整理好還有個好處，給海關蓋完章後，如有同伴者，可以分開排隊，去不同公司窗口領取，速度可以加速許多。

5 無論你旅行多少個歐盟國家，都可以在最後出境的歐盟國退稅。另外，雖然捷克、英國非歐盟會員國，但同屬歐盟免簽條款國家，所以也適用。

6 注意！要退稅的物品不能使用，也不要拆標，然後一定要記得將物品帶到海關處檢查，特別是「高價物品」，被抽查的機率比較高。

致：我的預算表

歐洲不難（全面更新版）

搞定交通，搞定旅行，旅行交通規劃達人林果帶你滑著滑著，就都訂好了！

作　　者　林果
責任編輯　張瑞芳
校　　對　林果、張瑞芳、童霈文
版面構成　簡曼如
封面設計　郭忠恕
行　銷　部　張瑞芳、段人涵
版　權　部　李季鴻、梁嘉真
總　編　輯　謝宜英
出　版　者　貓頭鷹出版
發　行　人　涂玉雲
發　　行　英屬蓋曼群島商家庭傳媒股份有限公司城邦分公司
　　　　　　104 台北市中山區民生東路二段 141 號 11 樓

劃撥帳號：19863813／戶名：書虫股份有限公司
城邦讀書花園：www.cite.com.tw／購書服務信箱：service@readingclub.com.tw
購書服務專線：02-25007718～9（週一至週五 09:30-12:30；13:30-18:00）
24 小時傳真專線：02-25001990～1
香港發行所　城邦（香港）出版集團有限公司／電話：(852)25086231／hkcite@biznetvigator.com
馬新發行所　城邦（馬新）出版集團／電話：603-9056-3833／傳真：603-9057-6622
印　製　廠　中原造像股份有限公司
初　　版　2016 年 7 月／二版 2023 年 12 月
定　　價　新台幣 480 元／港幣 160 元（紙本書）
　　　　　新台幣 336 元（電子書）
ISBN　978-986-262-668-9（紙本平／精裝）／978-986-262-667-2（電子書 EPUB）

國家圖書館出版品預行編目 (CIP) 資料

歐洲不難：搞定交通、搞定旅行，旅行交通規劃達人林果帶你滑著滑著，就都訂好了！／
林果著. -- 二版. -- 臺北市：貓頭鷹出版：英屬蓋曼群島商家庭傳媒股份有限公司城邦
分公司發行, 2023.12
　　面；　公分
ISBN 978-986-262-668-9(平裝)
1.CST: 自助旅行 2.CST: 歐洲

740.9　　　　　　　　　　　　　　　　　　　　　　　112017690